INTERPRETATIONS OF JAPAN CODE FOR SEISMIC DESIGN OF HIGHWAY BRIDGES

日本公路桥梁抗震设计规范释义

刘健新　葛胜锦　编著
刘士林　主审

内 容 提 要

本书介绍了日本公路桥梁抗震设计规范的抗震设计理念、思想和主要设计方法。为加深读者的理解，将其与我国公路桥梁抗震设计细则做了简要对比，找出我国和抗震领先国家在抗震设计上的差距，并帮助读者理解桥梁抗震设计规范条文的意义和背景。最后采用日本公路桥梁抗震规范对某钢筋混凝土门架式桥墩进行抗震设计计算，进一步加深读者对日本公路桥梁抗震设计规范相关规定的认识和理解。

本书可供公路桥梁抗震设计人员及相关技术人员使用，也可供相关院校师生参考。

图书在版编目(CIP)数据

日本公路桥梁抗震设计规范释义/刘健新，葛胜锦编著. —北京：人民交通出版社，2014.5

ISBN 978-7-114-10819-8

Ⅰ.①日… Ⅱ.①刘…②葛… Ⅲ.①公路桥—防震设计—设计规范—注释—日本 Ⅳ.①U448.142.5-65

中国版本图书馆 CIP 数据核字(2014)第 068620 号

中交科技丛书·外文译解

书　　名：日本公路桥梁抗震设计规范释义
著 作 者：刘健新　葛胜锦
责任编辑：郑蕉林　卢俊丽
出版发行：人民交通出版社
地　　址：(100011)北京市朝阳区安定门外外馆斜街 3 号
网　　址：http://www.ccpress.com.cn
销售电话：(010)59757973
总 经 销：人民交通出版社发行部
经　　销：各地新华书店
印　　刷：北京天宇万达印刷有限公司
开　　本：720×960　1/16
印　　张：8.25
字　　数：143 千
版　　次：2014 年 5 月　第 1 版
印　　次：2014 年 5 月　第 1 版第 1 次印刷
书　　号：ISBN 978-7-114-10819-8
定　　价：50.00 元

前　　言

编者于20世纪80至90年代赴日本工作学习，期间有幸接触到了日本公路桥梁抗震减灾技术研究领域。回国后，致力于我国公路桥梁抗震及减隔震技术研究，并持续跟踪日本公路桥梁抗震设计领域的最新发展动态。

在编写和宣贯《公路桥梁抗震设计细则》(JTG/T B02-01—2008)的过程中，作为背景和对比资料，大量参考并借鉴了日本《道路桥示方书・同解说・V耐震设计篇》。与我国公路桥梁抗震设计细则相比，日本公路桥梁抗震设计规范的条文规定更为详细且操作性强，规范的修订更新周期短，不断地引入最新的震害经验教训、抗震设计理念和构造措施等。日本公路桥梁抗震设计规范对于我国桥梁抗震领域的工程技术和科研人员具有很高的参考价值，为了促进国内从事抗震设计人员更好地理解与运用我国公路桥梁抗震设计细则，特编写此书。

本书基于《道路桥示方书・同解说・V耐震设计篇》(2012年3月)，介绍了日本公路桥梁抗震设计规范的抗震设计理念、思想和主要设计方法。为加深读者的理解，将其与我国公路桥梁抗震设计细则做了简要对比，找出我国和抗震技术领先国家在抗震设计上的差距，并帮助读者理解桥梁抗震设计规范条文的意义和背景。最后采用日本公路桥梁抗震设计规范对某钢筋混凝土门架式桥墩进行抗震设计计算，进一步加深读者对日本公路桥梁抗震设计规范相关规定的认识和理解。

本书共分7章，各章节主要内容安排如下：

第1章介绍了日本及中国公路桥梁抗震设计规范的发展及演变历程。

第2章介绍了日本及中国公路桥梁抗震设计的基本方针，如规范的适用范围，桥梁抗震设防类别、设防目标以及桥梁抗震设计的主要方法和流程等。

第3章介绍了日本及中国公路桥梁抗震设计规范中规定的地震作用及其效应组合方法。主要包括地震动参数的区划、设计地震动的取值、标准加速度反应谱、时程及场地土类别划分等。

第4章主要介绍日本公路桥梁抗震设计规范中规定的静力分析和动力分析的主要方法及其适用条件。

第5章介绍日本及中国公路桥梁抗震设计规范对延性抗震设计的相关规定,主要包括延性系数,塑性铰位置、长度及恢复力模型和构造细节等方面。

第6章介绍日本公路桥梁抗震设计规范对减隔震和抗震措施的相关规定,主要包括减隔震设计的适用条件、减隔震装置的种类及其力学模型,防落梁装置、限位装置等抗震措施的主要类型和设计方法。

第7章以某钢筋混凝土门架式桥墩为例,介绍了日本公路桥梁抗震设计规范的延性设计计算方法。

其中,第1章、第2章由长安大学刘健新编写,第3章、第4章由中交第一公路勘察设计研究院有限公司葛胜锦编写,第5章由中交第一公路勘察设计研究院有限公司彭泽友编写,第6章由中交第一公路勘察设计研究院有限公司翟敏刚编写,第7章由长安大学赵国辉编写,插图(表)由西安中交土木科技有限公司孙蕊鑫、长安大学硕士研究生张文华绘制。全书由葛胜锦教授级高级工程师统稿、刘健新教授校稿,由中交第一公路勘察设计研究院有限公司刘士林教授级高级工程师主审。

在本书编撰过程中开展了大量研究工作,先后得到了陕西省“13115”科技创新工程重大科技专项(2010ZDKG-37)、陕西省自然科学基金(2012JM7018、2013JZ017)、陕西省社会发展攻关计划(2012K12-03-07)、中交股份科技研发基金(2011-ZJKJ-04)等项目的资助,并得到了西安中交土木科技有限公司、陕西省公路交通防灾减灾重点实验室的大力支持和帮助。

此外,本书在编写过程中还得到了国内外许多专家、学者的指导和帮助。人民交通出版社对于本书的出版给予了大力支持,在此一并表示感谢。

由于编者水平有限,书中难免有错误和不妥之处,恳请批评指正。来函请寄西安中交土木科技有限公司(陕西省西安市高新区科技四路205号,邮编:710075,联系电话:029-88851152),长安大学303信箱(西安市南二环路中段,邮编:710064,联系电话:029-82334835)。

编著者

2013年10月于西安

目　录

第1章 日本及中国公路桥梁抗震设计规范的发展变迁

地震作为一种自然灾害，会对人类社会发展产生巨大的危害。地震发生的频率高，且具有随机性。据不完全统计，全世界每年约发生500万次地震，其中有感地震约5万次，具有破坏性的地震近千次，7级以上足以造成巨大灾害的地震有十几次，这些地震在它们波及的范围内，均造成惨重的生命财产损失[1]。表1-1列出了100多年来国内外造成较为严重灾害的地震情况。

100多年来国内外灾害性地震简况[2,3] 表1-1

序　号	年份(年)	地 震 名 称	震级(级)	死亡、失踪人数(人)
1	1906	美国旧金山地震	M8.3	3 000
2	1908	意大利墨西拿大地震	M7.5	75 000
3	1923	日本关东大地震	M8.2	13 000
4	1939	土耳其大地震	M8.0	50 000
5	1960	智利大地震	M8.5	10 000
6	1970	秘鲁大地震	M7.6	76 600
7	1976	中国唐山大地震	M7.8	242 000
8	1985	墨西哥大地震	M7.8	35 000
9	1990	伊朗大地震	M7.3	50 000
10	1995	日本阪神大地震	M7.2	5 400
11	2004	印度洋地震海啸	M8.9	300 000
12	2008	中国汶川地震	M8.0	69 225(死亡) 17 923(失踪)
13	2009	印尼苏门答腊地震	M7.9	1 115(死亡) 210(失踪)
14	2010	海地地震	M7.3	300 000
15	2010	智利地震	M8.8	750
16	2010	中国玉树地震	M7.1	2 698
17	2011	东日本大地震	M9.0	14 063(死亡) 13 691(失踪)

随着社会经济和文明的发展,现代中心城市地区一旦遭遇破坏性的地震,造成的经济损失和人员伤亡将会越来越严重。在这些地震灾害中很多直接和间接的经济损失都是因为桥梁等生命线工程遭到严重破坏而导致的救援不及时而造成的,如1976年中国的唐山大地震、1995年日本的阪神大地震。因此,随着城市现代化的发展,生命线工程在抗震防灾系统中越来越重要[4]。

近30年是桥梁抗震设计理论取得长足进步的时期。在这一时期,各国地震工作者与结构工程师对桥梁结构抗震展开了大量的研究,都在修改或制订新的桥梁抗震设计规范。日本抗震工作开展得较早,在近代地震工程学上贡献较多,并且一直在这一领域处于领先地位。日本在地域上离我国较近,因此,分析日本公路桥梁抗震规范的进展,有助于认识地震工程的发展方向,有助于理解我国结构抗震设计规范制定和修订的原因以及条文制定的理由。

1.1 日本桥梁抗震设计规范的发展历程

日本是世界上地震发生最多的国家之一,每年发生地震有数千次,其中震级在3级以上的地震每天就有4次。究其原因,是因为日本正好位于亚欧板块与太平洋板块交界处,当亚欧板块与太平洋板块发生碰撞、挤压时,两大板块的岩层就会发生变形、断裂等活动,从而频繁产生地震,日本陆上主要分布有14条地震断层[5]。日本地震分布如图1-1所示。

由于日本地震频发,所以日本包括桥梁在内的结构抗震研究一直走在世界的前列。日本抗震设计规范的修订大多与其发生的地震有关,纵观日本抗震设计规范80余年的变迁历史,每次发生引起桥梁严重破坏的大地震后,即促成一次规范的修订,主要地震与抗震设计规范修订时间如表1-2所示,历次抗震规范修订的主要内容如表1-3所示。

纵观抗震工程发展的历史,每次发生引起严重灾害的大地震后,工程抗震的理论和技术水平均会跨上一个新台阶。1995年阪神大地震有别于以往发生的地震,属发生于内陆地区的都市直下型地震。此类地震的震源浅、释放能量大,产生的地面加速度远远超过了日本抗震规范的设防标准,因而引起了结构的严重破坏。基于此,日本公路桥梁抗震规范在此次地震后进行了大幅度的修订。同时这次震灾也给研究者们带来许多新的研究课题。

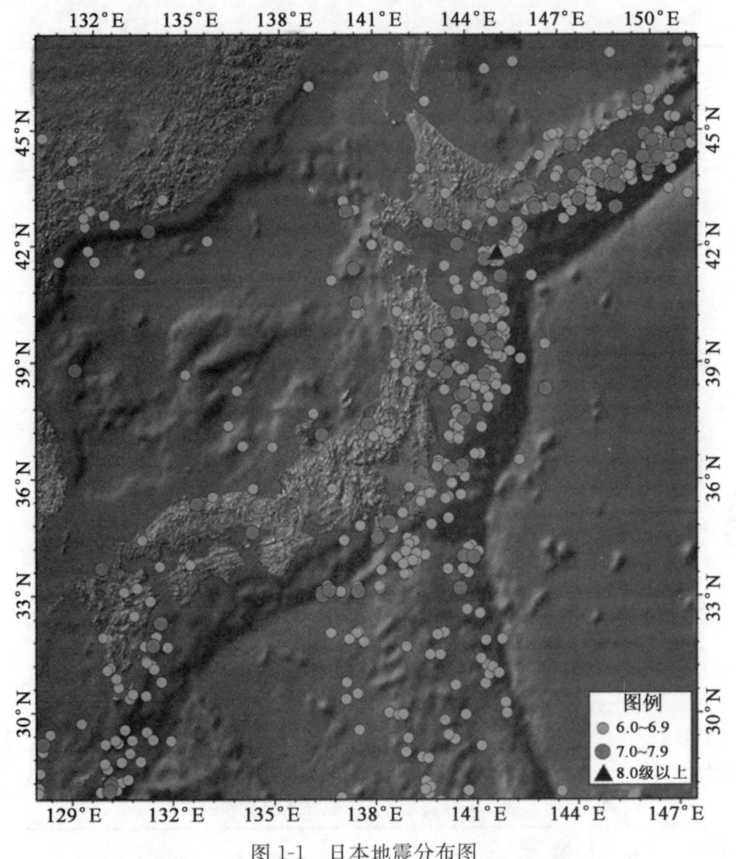

图 1-1　日本地震分布图

日本发生的强震和桥梁抗震设计规范的编年表[6]　　表 1-2

序　号	年份(年)	地 震 与 规 范
1	1923	关东大地震
2	1926	《道路构造细则方案》
3	1939	《钢桥设计示方书(案)》
4	1946	南海地震
5	1948	福井地震(M7.3)
6	1952	十胜冲地震(M8.1)
7	1956	《钢桥设计示方书》
8	1964	新潟地震(M7.5)
9	1971	《道路桥耐震设计指针》
10	1978	富城地震(M7.4)

续上表

序　号	年份(年)	地 震 与 规 范
11	1980	《道路桥示方书·同解说·Ⅴ耐震设计篇》
12	1982	浦河冲地震(M7.1)
13	1983	日本海中部地震(M7.7)
14	1990	《道路桥示方书·同解说·Ⅴ耐震设计篇》
15	1995	兵库县南部地震(M7.2)
16	1995	大阪、神户地震(M7.3)
17	1996	《道路桥示方书·同解说·Ⅴ耐震设计篇》
18	2000	鳥取県西部地震(M7.3)
19	2002	《道路桥示方书·同解说·Ⅴ耐震设计篇》
20	2004	新潟地区地震(M6.8)
21	2005	本州岛地震(M7.2)
22	2007	石川县地震(M6.9)
23	2008	本州东海岸地震(M7.1)
24	2008	岩手县地震(M7.2)
25	2010	福岛地震(M6.2)
26	2011	东日本大地震(M9.0)
27	2012	《道路桥示方书·同解说·Ⅴ耐震设计篇》

日本抗震设计规范的修订内容　　表 1-3

序号	年份(年)	修 订 规 范	抗震设计规范的修改内容
1	1926	《道路构造细则方案》	首先规定了地震作用
	1939	《钢桥设计示方书(案)》	将地震作用标准化
2	1956	《钢桥设计示方书》	根据区划的场地条件对地震作用进行了修正
3	1971	《道路桥耐震设计指针》	①增加了防止落梁的构造措施； ②增加了地基液化判定法
4	1980	《道路桥示方书·同解说·Ⅴ耐震设计篇》	①进一步明确了有关地基液化的设计方法； ②改进了纵向钢筋切断部位的设计方法； ③规定了用于动力时程分析的地震输入波； ④增加了RC桥墩的变形性能的验算方法
5	1990	《道路桥示方书·同解说·Ⅴ耐震设计篇》	①简化了地基液化的判定方法； ②简化了震度法； ③明确了动力时程分析验算方法； ④明确了RC桥墩的保有水平耐力法

续上表

序号	年份(年)	修 订 规 范	抗震设计规范的修改内容
6	1996	《道路桥示方书·同解说·V耐震设计篇》	①重新确定了地震作用； ②明确了震度法； ③保有水平耐力法、动力时程法的用途； ④改良了桥墩变形能力的计算法； ⑤改良了地基液化判断法； ⑥明确了上部结构与基础的抗震强度关系和统一设计方法； ⑦规定支座、梁的连接装置按主要结构构件设计； ⑧增加了隔震设计方法
7	2002	《道路桥示方书·同解说·V耐震设计篇》	①明确了桥梁的抗震性能、设计地震动的设定方法及抗震性能的验算； ②重新规定了地震名称及地震动的设定； ③规定了抗震性能的静力和动力验算方法，明确了验算方法的选定，扩大了动力验算方法的适用范围并给出了具体的验算方法； ④引入了水平2地震动的主动土压力及动水压力的评价方法； ⑤重新规定了处于液化地基上的桥台在水平2地震动作用下的验算方法； ⑥重新规定了钢桥墩的抗力—变形性能的评价方法； ⑦重新规定了钢及混凝土上部结构的抗震性能验算思想； ⑧重新规定了水平2地震动作用下支座的抗力—变形性能的评价方法； ⑨增加了对规范的理解、应用参考卷
8	2012	《道路桥示方书·同解说·V耐震设计篇》	①考虑东海地震、东南海地震、南海地震等板块边界型的大规模地震，对等级Ⅱ的类型1地震动进行了修正； ②由东北地区太平洋海域的灾害经验，规定了海啸地域的防灾计划中有关桥的构造； ③为了明确道路桥示方书中要求的性能，明示了地震的影响起控制作用的构件所要求的基本事项； ④在钢筋混凝土桥墩的水平力—水平变位的关系中，根据塑性铰的形成机理，引入了轴方向拉伸应变的极限状态评价方法。这个评价方法也适用于为提高施工性能，采用比以前高的屈服点的新材料SD390及SD490作为轴向钢筋使用的情况； ⑤根据试验数据的积累，修改了矩形断面不充填混凝土的钢制桥墩的允许应变的计算式，扩大了矩形断面充填混凝土的钢制桥墩的允许应变的计算式的适用范围； ⑥为了明确对于L2地震支座的基本条件，并考虑维修管理的可行和方便，支座周围的构造更加合理； ⑦根据迄今为止的道路桥的落梁模式分析及近年采用的多跨连续梁桥和地震反应，为了对应于桥的构造特性而修改了落梁防止系统的构造

2002年(平成14年)日本的抗震设计规范《道路桥示方书·同解说·Ⅴ耐震设计篇》(以下简称日本公路桥梁抗震规范)和以前的抗震设计规范相比有重大革新,其主要特点是:

①与原抗震规范相比,在原有延性抗震设计理论的基础上提出了性能抗震设计理论,并根据性能抗震设计理论提出了性能抗震的设计方法;

②增加了各种抗震设计相关的参考资料,增强了设计者对规范的理解和应用,可操作性更强。

2011年3月11日,日本发生了M9.0级的东日本大地震,根据这次大地震的特点和对桥梁等造成的破坏,日本又于2012年3月对日本公路桥梁抗震规范进行了修订。

1.2 中国公路桥梁抗震设计规范的发展历程

中国公路桥梁抗震设计规范可划分为三代,分别是1977年开始实施的第一代《公路工程抗震设计规范》(简称《77规范》),1990年开始实施的《公路工程抗震设计规范》(JTJ 004—89)(简称《89规范》)和最新一代的《公路桥梁抗震设计细则》(JTG/T B02-01—2008)(简称《08细则》)。与前两代设计规范不同的是,新一代的抗震设计规范分为两个细则,分别对应桥梁和其他公路工程设施的抗震设计,并将两个细则的设防标准、抗震性能要求、设计原则和方法等内容列入公路工程抗震规范中。中国公路桥梁抗震设计规范的变迁同样与桥梁的震害有着密切的关系,表1-4为中国发生的强震和公路桥梁抗震设计规范(细则)的编年表。表1-5为中国三代公路桥梁抗震设计规范(细则)的比较[7]。

中国发生的强震和公路桥梁抗震设计规范(细则)的编年表 表1-4

《公路工程抗震设计规范》(试行)1977年	《公路工程抗震设计规范》(JTJ 004—89)1990年	《公路桥梁抗震设计细则》(JTG/T B02-01—2008)2008年
1969年渤海湾地震(M7.4)	1985年新疆乌恰地震(M7.3)	1994年台湾海峡地震(M7.3)
1970年云南海通地震(M7.7)	1988年云南澜沧地震(M7.6)	1995年云南孟连地震(M7.3)
1973年四川炉霍地震(M7.6)		1996年云南丽江地震(M7.0)
1974年云南大关地震(M7.1)		1999年台湾集集地震(M7.6)
1975年辽宁海城地震(M7.3)		2001年昆仑山地震(M8.1)
1976年河北唐山地震(M7.8)		2002年台湾地震(M7.5)
1976年四川松潘地震(M7.2)		2008年四川汶川地震(M8.0)

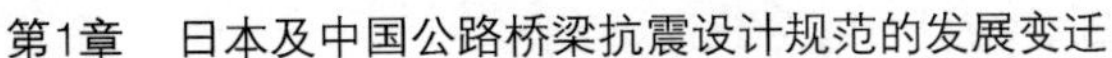

中国三代公路桥梁抗震设计规范(细则)对比[8]　　表 1-5

序号	项　目	规　范		
		《77 规范》	《89 规范》	《08 细则》
1	适用范围	二～四级公路	高速、等级公路	高速、等级公路桥梁
2	桥梁跨度	未明示	小于 150m	小于 150m
3	桥型	梁桥、拱桥	梁桥、拱桥	梁桥、拱桥、其他桥型
4	桥梁重要度	未明示	四类:1.7、1.3、1.0、0.6	四类,根据地震不同性能要求取值 1.70～0.23
5	设防要求	基本不坏、短期整修可保通	基本不坏、短期整修可保通	根据不同等级地震提出不同的性能要求
6	设防标准及烈度	根据桥梁所处的路线等级,设计烈度可取桥位处的基本烈度或提高一度或降低一度	根据桥梁所处的路线等级,采用重要性系数修改基本烈度作为设计烈度	根据桥梁的抗震重要性,采用重要性系数修改的峰值加速度作为地震作用
7	设计方法	一次强度设计	一次强度设计	强度、位移两次设计验算
8	综合影响系数	采用	采用	取消
9	计算方法	反应谱法	反应谱法、时程分析法	静力法:等效静力法、非线性静力法; 动力法:反应谱法、时程分析法、功率谱法
10	计算模式	单墩	单墩、板式橡胶支座的梁桥采用全联模式	有限元模型,对规则桥梁采用简化模型

中国现行公路桥梁抗震设计规范(08 细则)与前两代规范相比,在抗震设计理念和方法上存在重大变化,主要表现为:

(1)采用了“小震不坏、中震可修、大震不倒”分级设防的抗震理念;

(2)采用了对应于小震和大震的强度和变形的两次设计方法;

(3)取消了概念模糊的综合影响系数 C_z;

(4)引入了延性抗震设计;

(5)引入了减隔震设计;

(6)加强和细化了抗震措施。

2008 年 8 月,我国交通运输部发布了《公路桥梁抗震设计细则》(JTG/T

B02-01—2008)。但由于时间仓促,仍有一些规定的可操作性还不是很强,计算算例未能推出,广大工程技术人员和软件开发人员应用起来还存在一定的困难。而日本是一个地震频发的国家,在经历了 1995 年阪神大地震后,抗震规范有了较多的更新,日本在桥梁抗震工程界研究经验丰富、成果显著,因此将日本公路桥梁抗震规范与我国公路桥梁抗震规范(细则)做一比较,对我国抗震设计具有很大的借鉴作用。本书旨在通过介绍日本公路桥梁抗震设计规范的条文及主要抗震设计思想,并与我国公路桥梁抗震细则深度对比,找出我国和抗震技术先进国家在抗震设计上的差距,并帮助读者理解桥梁抗震设计规范条文的背景和意义。最后利用日本公路桥梁抗震规范对某钢筋混凝土门架式桥墩进行抗震设计计算,进一步加深读者对日本公路桥梁抗震设计规范相关规定的理解。

第2章　抗震设计基本方针

2.1　规范的适用范围

日本公路桥梁抗震设计规范适用于跨径200m以下的桥梁，而对于200m以上的桥梁经相应的修正也可适用，但日本公路桥梁抗震设计规范不适用于跨线人行天桥[9,10]。

《08细则》适用于单跨跨径不超过150m的混凝土梁桥，圬工或混凝土拱桥；斜拉桥、悬索桥、单跨跨径超过150m的特大跨径梁桥和拱桥，可参考细则给出的抗震设计原则进行设计；《08细则》仅适用于抗震设防烈度为6度、7度、8度和9度地区的公路桥梁抗震设计，对于抗震设防烈度大于9度地区的桥梁和有特殊要求的大跨径或特殊桥梁，其抗震设计应做专门的研究[11]。

2.2　桥梁的抗震设防类别和目标

2.2.1　桥梁的抗震设防类别

日本桥梁的重要度根据道路的种类和桥梁的功能，可划分为标准桥梁(A类桥梁)和特别重要的桥梁(B类桥梁)，如表2-1所示。

日本公路桥梁重要度的划分　　表2-1

桥梁的重要度区分	对象桥梁
A类桥梁	B类桥梁之外的桥梁
B类桥梁	(1)高速公路、城市高速公路、指定的城市高速公路、本州四国公路、一般国道桥； (2)都道府县级公路、市政村道路、双层或多层桥、跨线桥及区域救灾及通行重要程度高的桥梁

《08 细则》考虑到公路桥梁的重要性和在抗震救灾中的作用，本着确保重点和节约投资的原则，对不同桥梁给予不同的抗震安全度，具体来讲，将公路桥梁分为 A、B、C、D 四个抗震设防类别，桥梁抗震设防类别的适用范围如表 2-2 所示。

中国公路桥梁抗震设防类别 表 2-2

桥梁抗震设防类别	适用范围
A类	单跨跨径超过 150m 的特大桥
B类	单跨跨径不超过 150m 的高速公路、一级公路上的桥梁，单跨跨径不超过 150m 的二级公路上的特大桥、大桥
C类	二级公路上的中桥、小桥，单跨跨径不超过 150m 的三、四级公路上的特大桥、大桥
D类	三、四级公路上的中桥、小桥

2.2.2 抗震设防目标

日本公路桥梁抗震规范规定，在进行桥梁的抗震设计时应考虑：

(1)桥梁的设计基准期发生的概率较大的地震动(水平 1 地震动)和发生概率低但强度大的地震动(水平 2 地震动)的两阶段水平设计地震动。这里，水平 2 地震动又分为板块边界型大规模地震引起的Ⅰ类地震动和内陆断层型地震引起的Ⅱ类地震动。

(2)桥梁的重要度根据道路的种类和桥梁的功能，划分为标准桥梁(A 类桥梁)和特别重要的桥梁(B 类桥梁)。其区别见 2.2.1 规定。

(3)根据桥梁整体反应，桥梁的抗震性能分为以下三类。

①抗震性能 1:地震不损伤桥梁的健全性和使用功能。

②抗震性能 2:限定地震对桥梁的损害，并可迅速恢复桥梁的使用功能。

③抗震性能 3:桥梁的损伤是非致命的。

(4)桥梁的抗震设计根据设计地震动水平和桥梁的重要度进行如下的抗震设计：

①对于水平 1 地震动，A 类和 B 类桥梁应确保抗震性能 1。

②对于水平 2 地震动，A 类桥梁应确保抗震性能 3，B 类桥梁应确保抗震性能 2。

(5)即使产生抗震设计时预想不到的反应和地基破坏而产生的结构破坏，也应避免落梁发生。

日本公路桥梁抗震规范规定了三种抗震性能，并且对这三种抗震性能在抗震设计上的桥梁安全性、使用性和修复性提出了具体要求，见表 2-3。

日本公路桥梁抗震性能要求　　表 2-3

<table>
<tr><th rowspan="2">抗震性能</th><th rowspan="2">抗震设计上的安全性</th><th rowspan="2">抗震设计上的使用性</th><th colspan="2">抗震设计上的修复性</th></tr>
<tr><th>短期修复</th><th>长期修复</th></tr>
<tr><td>抗震性能 1：
地震不损害桥梁的健全性(不坏)</td><td>不落梁</td><td>具有与地震前相同的功能</td><td>不需要修复</td><td>轻微的修复</td></tr>
<tr><td>抗震性能 2：
地震损坏停留在限定范围内，经修补，短期内能恢复其正常使用功能(可修)</td><td>不落梁</td><td>地震后能够快速恢复使用功能</td><td>为了恢复使用功能进行应急修复</td><td>比较容易进行永久性修复</td></tr>
<tr><td>抗震性能 3：
桥梁的损伤是非致命的(不倒)</td><td>不落梁</td><td>—</td><td>—</td><td>—</td></tr>
</table>

根据上述抗震性能要求和桥梁重要度及设计地震动水平，日本公路桥梁抗震规范规定了桥梁抗震设计的目标，如表 2-4 所示。

日本公路桥梁抗震设防目标[12]　　表 2-4

<table>
<tr><th colspan="2">设计地震动</th><th>A 类桥梁</th><th>B 类桥梁</th></tr>
<tr><td colspan="2">水平 1 地震动</td><td colspan="2">地震不损害桥梁的健全性(抗震性能 1)</td></tr>
<tr><td rowspan="2">水平 2 地震动</td><td>类型Ⅰ地震动(边界型大规模地震)</td><td rowspan="2">不产生致命性损伤
(抗震性能 3)</td><td rowspan="2">产生有限的损伤，
能够快速地恢复使用功能
(抗震性能 2)</td></tr>
<tr><td>类型Ⅱ地震动(内陆断层型地震)</td></tr>
</table>

《08 细则》根据“小震不坏、中震可修、大震不倒”的思想，按照不同的桥梁抗震设防类别和地震作用确定了桥梁的抗震设防目标，如表 2-5 所示。

中国公路桥梁抗震设防目标　　表 2-5

<table>
<tr><th rowspan="2">桥梁抗震设防类别</th><th colspan="2">设防目标</th></tr>
<tr><th>E1 地震作用</th><th>E2 地震作用</th></tr>
<tr><td>A类</td><td>一般不受损伤或不需修复，可继续使用(不坏)</td><td>可发生局部轻微损伤。不需修复或经简单修复可继续使用(可修)</td></tr>
<tr><td>B类</td><td>一般不受损伤或不需修复，可继续使用(不坏)</td><td>应保证不致倒塌或产生严重结构损伤，经临时加固后可供维持应急交通使用(不倒)</td></tr>
</table>

续上表

桥梁抗震设防类别	设防目标	
	E1 地震作用	E2 地震作用
C类	一般不受损伤或不需修复可继续使用(不坏)	应保证不致倒塌或产生严重结构损伤,经临时加固后可供维持应急交通使用(不倒)
D类	一般不受损伤或不需修复可继续使用(不坏)	—

对比表 2-1～表 2-5 可以看出:

(1)如不考虑地震的强弱程度,《08 细则》E1 地震作用下的各类桥梁的抗震设防目标与日本公路桥梁抗震规范的抗震性能 1 的要求大体相同;《08 细则》E2 地震作用下 A 类桥梁的抗震设防目标与日本公路桥梁抗震规范抗震性能 2 的要求大体相当,B、C 类桥梁的抗震设防目标与日本公路桥梁抗震规范抗震性能 3 的要求大体相当。但总体上日本公路桥梁抗震规范的抗震设防目标较《08 细则》的高。

(2)日本公路桥梁抗震规范的抗震性能与抗震设计的安全性、使用性、修复性相对应,因此从抗震设防目标来说,相对较为明确。

2.3 抗震设计要求

日本公路桥梁抗震规范规定,对于水平 1 地震作用下的 A、B 两类桥梁,必须进行能够确保抗震性能 1 的抗震设计;对于水平 2 地震作用下的 A 类桥梁,必须进行能够确保抗震性能 3,B 类桥梁必须进行确保抗震性能 2 的抗震设计。

《08 细则》规定,A、B、C 类桥梁必须进行 E1、E2 地震作用下的抗震设计;D 类桥梁只须进行 E1 地震作用下的抗震设计;对于抗震设防烈度为 6 度地区的 B、C、D 类桥梁,可以只进行抗震措施设计。

由此可以看出,日本公路桥梁抗震规范对于不同水平地震动作用下的桥梁都要求其进行抗震设计,抗震设计要求相对较高,《08 细则》相对来说要求较为宽松。

2.4 抗震设计流程

日本公路桥梁抗震规范抗震设计流程如图 2-1 所示;《08 细则》抗震设计流程如图 2-2 所示。

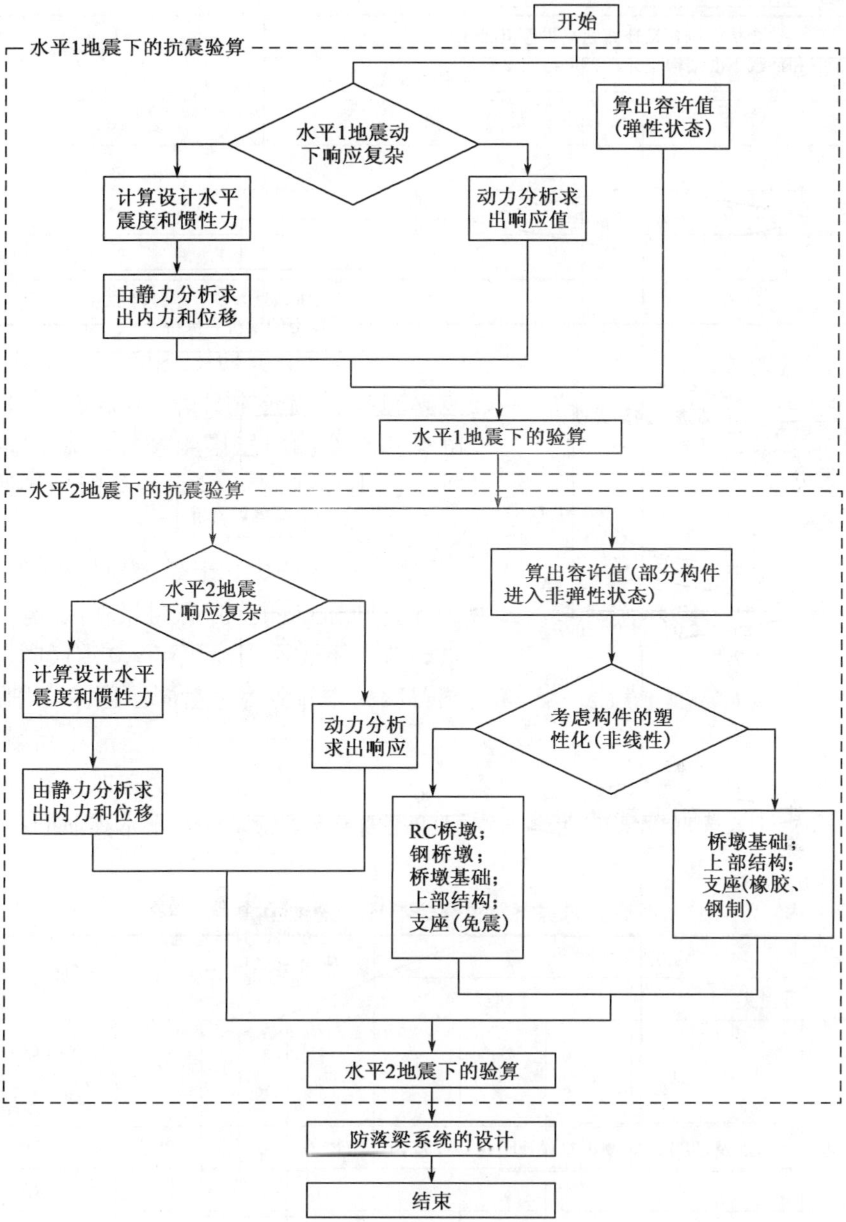

图 2-1　日本公路桥梁抗震规范抗震设计流程图

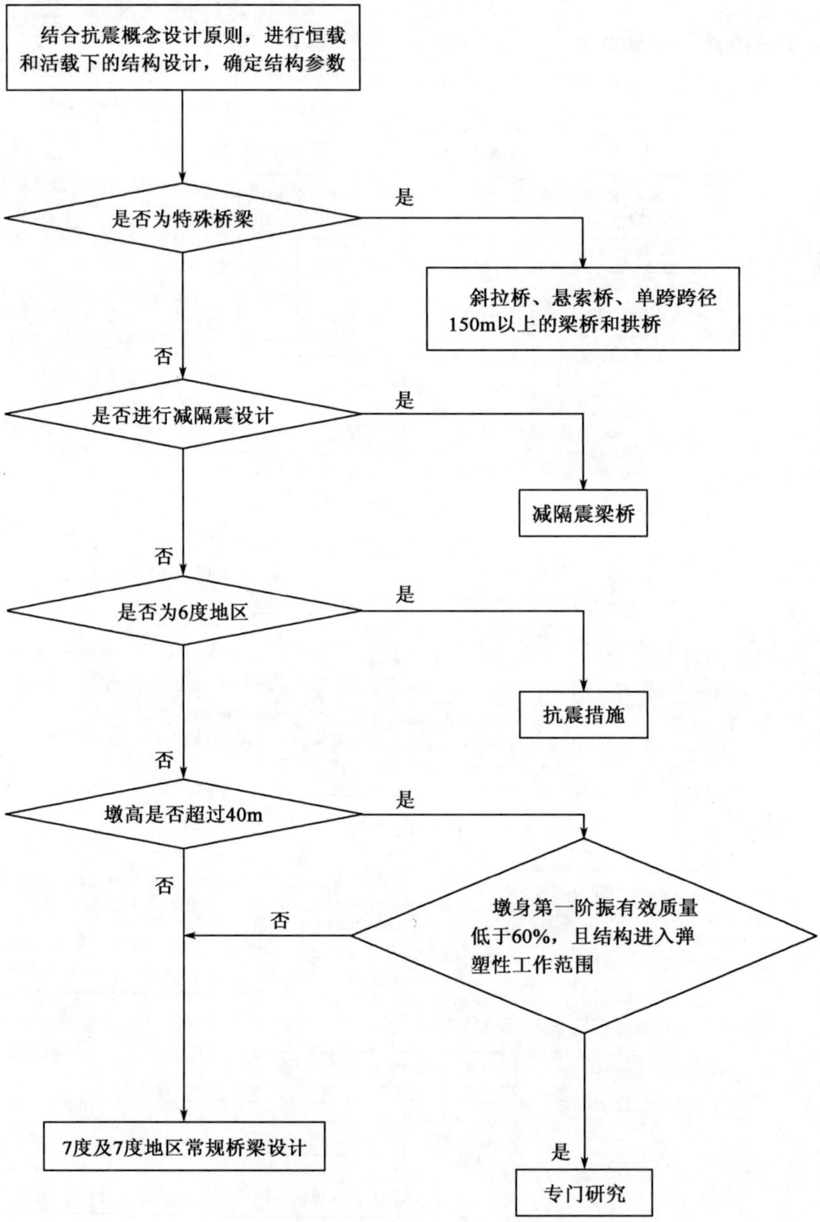

图 2-2 《08 细则》抗震设计流程图

第3章 地 震 作 用

3.1 抗震设计中的荷载及其组合

3.1.1 荷载

日本公路桥梁抗震规范抗震设计应考虑的荷载情况如下：

(1)主要荷载

除去道路桥示方书共通篇所示的主要荷载中的活荷载和冲击荷载。

①恒载(D)；

②预应力(PS)；

③混凝土徐变影响(CR)；

④混凝土收缩影响(SH)；

⑤土压力(E)；

⑥水压力(HP)；

⑦浮力或扬压力(U)。

(2)次要荷载

地震影响(EQ)。

3.1.2 荷载组合

荷载组合为主要荷载和地震影响(EQ)的组合。荷载作用应产生最不利应力、变位和其他的影响。其中考虑的地震产生的影响如下：

(1)结构质量引起的惯性力(以下称为惯性力)；

(2)地震时的土压力；

(3)地震时的动水压力；

(4)地基液化及流动化的影响；

(5)地震时的地基变位。

《08 细则》和日本公路桥梁抗震规范抗震设计中应考虑的荷载比较如表 3-1

所示。

桥梁抗震设计应考虑的作用 表 3-1

内容	《08 细则》		日本公路桥梁抗震规范	
作用及其分类	永久作用	地震作用	主要荷载	次要荷载
	结构重力（恒载）、预应力、土压力、水压力	地震动的作用和地震土压力、水压力	恒载、预应力、混凝土徐变影响、混凝土收缩影响、土压力、水压力、浮力或扬压力	地震影响（结构质量引起的惯性力、地震时的土压力及动水压力和地基变位、地基液化及流动化的影响）
作用组合	永久作用效应＋地震作用效应		主要荷载＋地震影响	
组合方式	各种效应的最不利组合		荷载作用应产生最不利应力、变位和其他的影响	

从表 3-1 可以看出，《08 细则》中的永久作用对应于日本公路桥梁抗震规范的主要荷载，地震作用对应于次要荷载；日本抗震设计上考虑的荷载较为详细；而作用效应组合及方式基本相同。

3.2 抗震设防划分

日本公路桥梁抗震规范规定的地区修正系数根据地区划分取表 3-2 中的值。当架桥地点在地区划分的边界线上时应取两地区中较大的系数。

地 区 修 正 系 数 表 3-2

地 区 划 分	不同地域修正系数		
	c_z	$c_{\mathrm{I}z}$	$c_{\mathrm{II}z}$
A1	1.0	1.2	1.0
A2	1.0	1.0	1.0
B1	0.85	1.2	0.85
B2	0.85	1.0	0.85
C	0.7	0.8	0.7

日本国土面积狭小，整个日本均处于地震带上，日本的抗震规范采用地震作用基本值乘以地域修正系数来修正地震作用的大小。其中 A1、A2 地域为日本的太平洋沿岸大部分地区，日本海沿岸的部分地区，包括东京、大阪、名古屋、神户等日本大部分大中城市；B1、B2 地域为新潟、秋田等沿日本海地区以及北海道、四国、九州的部分地区；C 地域为北海道和九州的少部分地区[13,14]。日本地震动地区修正系数如图 3-1～图 3-3 所示。

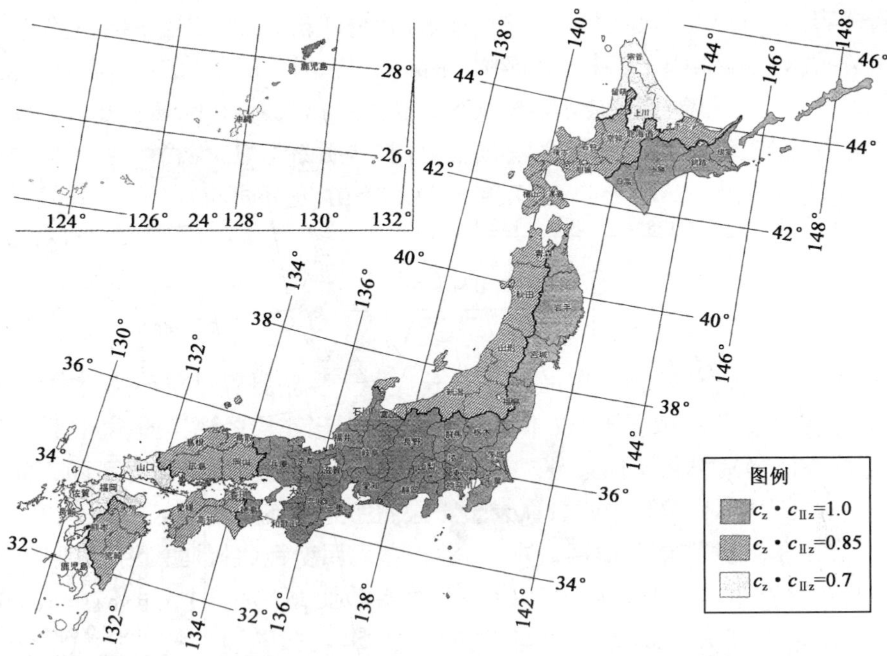

图 3-1 日本水平Ⅰ地震动及水平Ⅱ地震动(类型Ⅱ)地区修正系数

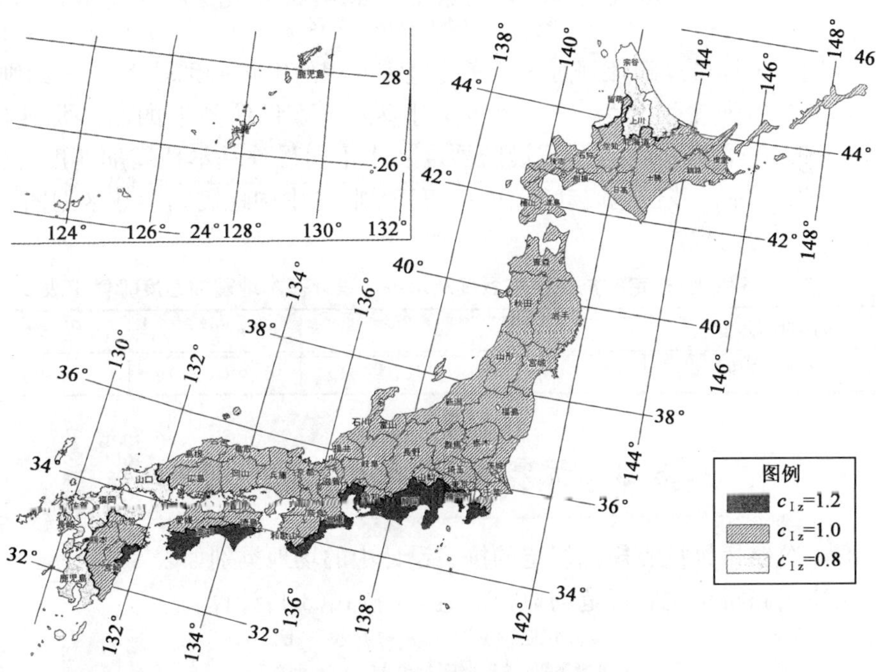

图 3-2 日本水平Ⅱ地震动(类型Ⅰ)地区修正系数

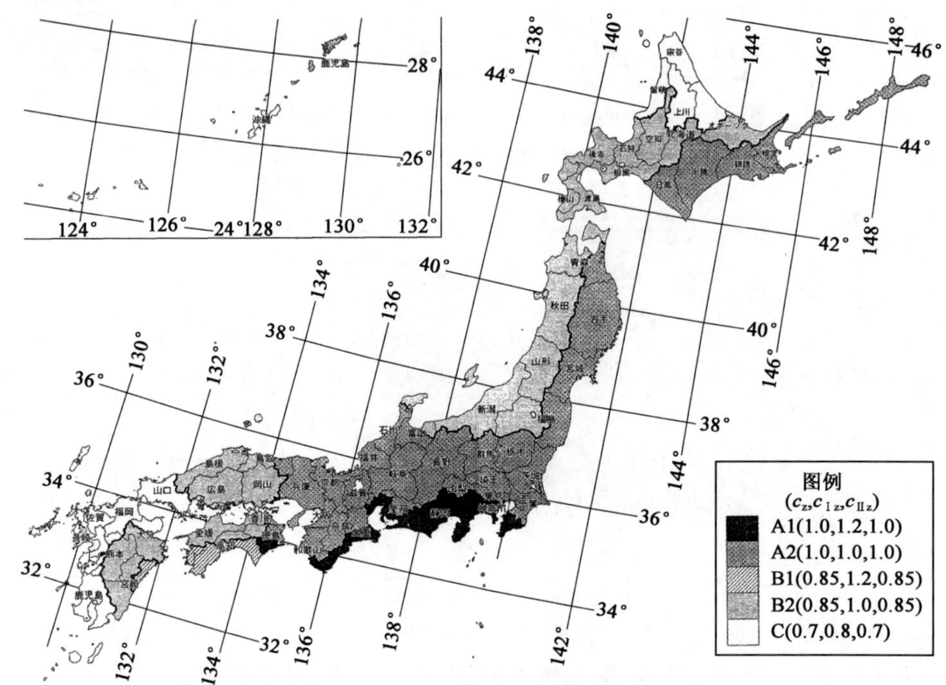

图 3-3　日本地区修正系数

我国国土幅员辽阔，因此，各地所受地震作用的影响差别较大，《08 细则》将抗震设防基本烈度划分为 6～9 度区，对应的抗震设防烈度的基本加速度为 0.05g～0.40g，相差 8 倍，抗震设防烈度和水平向设计基本地震加速度峰值对照如表 3-3 所示。我国地震动峰值加速度区划见《中国地震动参数区划图》(GB 18306—2001)的规定。

《08 细则》规定的抗震设防烈度及水平向设计基本地震加速度峰值　表 3-3

抗震设防烈度	6	7	8	9
加速度峰值	0.05g	0.10(0.15)g	0.20(0.30)g	0.40g

3.3　抗震设计中的地基类别

日本公路桥梁抗震规范规定的抗震设计中的场地类别如表 3-4 所示。

日本公路桥梁抗震规范场地特征值 T_{G} 按式(3-1)计算。

$$T_{\mathrm{G}} = 4\sum_{i=1}^{n}\frac{H_i}{V_{\mathrm{s}i}} \tag{3-1}$$

式中：H_i——第 i 层地层厚度(m)；

V_{si}——第 i 层地层的剪切弹性波速度的平均值(m/s)；

i——地基层号。

日本公路桥梁抗震设计上的地基类别　　表 3-4

地基类别	地基的特征值 T_G(s)	地基类别	地基的特征值 T_G(s)
Ⅰ类	$T_G<0.2$	Ⅲ类	$0.6\leqslant T_G$
Ⅱ类	$0.2\leqslant T_G<0.6$		

表 3-4 中Ⅰ类地基为良好的洪积地基及岩基，Ⅲ类地基为冲积地基中的软弱地基，Ⅱ类地基是Ⅰ类地基和Ⅲ类地基以外的洪积地基及冲积地基。这里的冲积层包含有悬崖崩落形成的新的堆积层、表土、填土及软弱土层。洪积层为冲积形成的砂层、砾石层、卵石层。

由于 T_G 和冲积层及洪积层有关，因此，日本公路桥梁抗震规范中还给出了地基类别的简易划分方法，如图 3-4 所示。

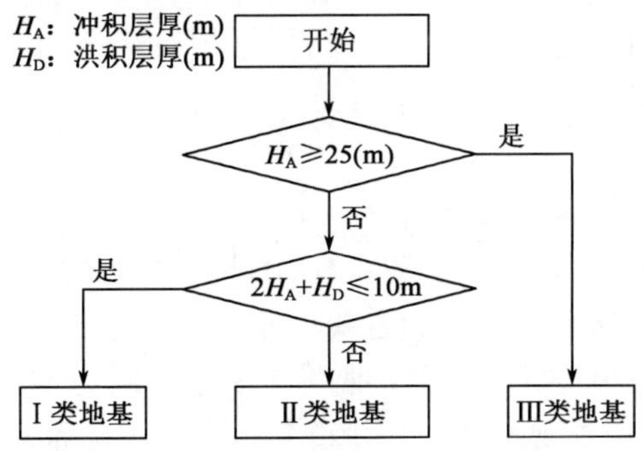

图 3-4　冲积层厚和洪积层厚地基类别的划分

《08 细则》规定，桥梁工程场地类别根据土层平均剪切波速度和场地覆盖土层厚度按表 3-5 的规定划分为四类。

《08 细则》桥梁工程场地类别划分　　表 3-5

平均剪切波速 u_{se} (m/s)	场地类别			
	Ⅰ	Ⅱ	Ⅲ	Ⅳ
$u_{se}>500$	0			
$500\geqslant u_{se}>250$	<5	≥5		
$250\geqslant u_{se}>140$	<3	≥5，≤50	>50	
$u_{se}\leqslant140$	<3	≥3，≤15	>15，≤80	>80

注：表中数据为场地覆盖土层厚度(m)。

由表 3-4 和表 3-5 可以看出,《08 细则》和日本公路桥梁抗震规范的场地类别的划分方法不同,《08 细则》是根据平均剪切波速度将场地类别划分为四类,日本公路桥梁抗震规范根据场地特征周期将地基类别划分为三类。由于两国的地理差异,导致两国的地基类别的划分方法不同。

3.4 设计地震动水平

日本公路桥梁抗震规范规定的设计预期地震动有以下两个标准。

水平 1 地震动:桥梁的设计使用期内发生的概率较高的地震动。

水平 2 地震动:桥梁的设计使用期内发生的几率虽很低,但强度非常大的地震动。

水平 1 地震动可以认为是由中等规模地震引起的。水平 2 地震动又分为两种类型,分别为:由发生频率较低的板块边界型大规模地震引起的地震动,即类型Ⅰ地震动;1995 年(平成 7 年)兵库县南部发生频率极低的内陆直下型地震引起的地震动,即类型Ⅱ地震动。日本公路桥梁抗震规范对于水平 1 和水平 2 地震动的重现期没有明确的规定。

2011 年 3 月 1 日东日本大地震后,2012 年 3 月,日本公路桥梁抗震规范又修正了类型Ⅰ的标准加速度反应谱。

我国《08 细则》规定了两水平地震作用,即 E1、E2 地震作用。这两种水平地震作用的重现期根据不同桥梁的重要度不同而有所差别,A 类桥梁抗震设计用 E1 地震作用重现期为 475 年,E2 地震作用重现期为 2000 年;B、C 类桥梁抗震设计用 E1 地震作用重现期为 50～100 年,E2 地震动重现期为 475～2000 年;D 类桥梁抗震设计用 E1 地震作用重现期为 25 年。

3.5 设计加速度反应谱

3.5.1 日本规范反应谱

日本公路桥梁抗震规范中规定,各水平地震动的加速度反应谱可根据式(3-2)～式(3-4)计算。

$$S = c_z c_D S_0 \tag{3-2}$$

$$S_{\mathrm{I}} = c_z c_D S_{\mathrm{I}0} \tag{3-3}$$

$$S_{\mathrm{II}} = c_z c_D S_{\mathrm{II}0} \tag{3-4}$$

式中：　S——水平1地震动的加速度反应谱；

S_{I}、S_{II}——水平2地震动类型Ⅰ及类型Ⅱ的加速度反应谱；

c_{D}——阻尼修正系数，如图3-5所示，

$$c_{\mathrm{D}}=\frac{1.5}{40h+1}+0.5$$

c_z——地区修正系数，如表3-2所示；

S_0——水平1地震动的标准加速度反应谱(gal)。根据表3-4中规定的地基类别和固有周期由表3-6取值；

$S_{\mathrm{I}0}$、$S_{\mathrm{II}0}$——水平2地震动类型Ⅰ及类型Ⅱ的标准加速度反应谱(gal)。$S_{\mathrm{I}0}$根据表3-4规定的地基类别和固有周期按表3-7a取值；$S_{\mathrm{II}0}$根据表3-4中规定的地基类别和固有周期按表3-7b取值。其中，各水平地震动的标准加速度反应谱如图3-6和图3-7所示。

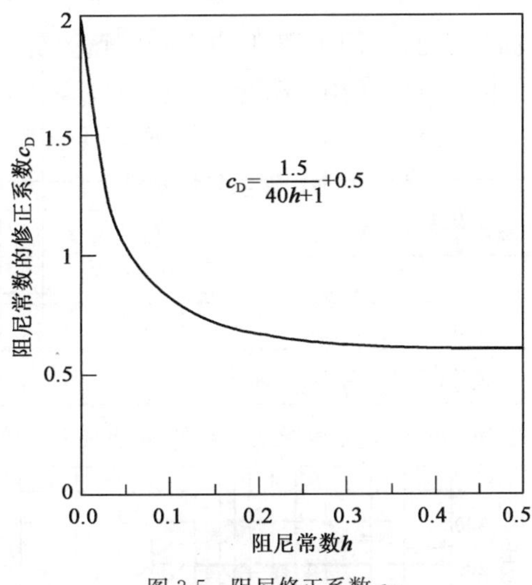

图3-5　阻尼修正系数c_{D}

水平1地震动的标准加速度反应谱S_0　　表3-6

地基类别	对于固有周期T(s)的S_0(gal)		
Ⅰ类	$T<0.1$ $S_0=431T^{1/3}(S_0\geqslant160)$	$0.1\leqslant T\leqslant1.1$ $S_0=200$	$1.1<T$ $S_0=220/T$
Ⅱ类	$T<0.2$ $S_0=427T^{1/3}(S_0\geqslant200)$	$0.2\leqslant T\leqslant1.3$ $S_0=250$	$1.3<T$ $S_0=325/T$
Ⅲ类	$T<0.34$ $S_0=430T^{1/3}(S_0\geqslant240)$	$0.34\leqslant T\leqslant1.5$ $S_0=300$	$1.5<T$ $S_0=450/T$

水平 2 Ⅰ 类地震动的标准加速度反应谱 $S_{\mathrm{I}0}$ 表 3-7a

地 基 类 别	固有周期 T(s)的 $S_{\mathrm{I}0}$(gal)		
Ⅰ类	$T<0.16$ $S_{\mathrm{I}0}=2\,579T^{1/3}$	$0.16\leqslant T\leqslant 0.6$ $S_{\mathrm{I}0}=1\,400$	$0.6<T$ $S_{\mathrm{I}0}=840/T$
Ⅱ类	$T<0.22$ $S_{\mathrm{I}0}=2\,153T^{1/3}$	$0.22\leqslant T\leqslant 0.9$ $S_{\mathrm{I}0}=1\,300$	$0.9<T$ $S_{\mathrm{I}0}=1\,170/T$
Ⅲ类	$T<0.34$ $S_{\mathrm{I}0}=1\,719T^{1/3}$	$0.34\leqslant T\leqslant 1.4$ $S_{\mathrm{I}0}=1\,200$	$1.4<T$ $S_{\mathrm{I}0}=1\,680/T$

水平 2 Ⅱ 类地震动的标准加速度反应谱 $S_{\mathrm{II}0}$ 表 3-7b

地 基 类 别	固有周期 T(s)的 $S_{\mathrm{II}0}$(gal)		
Ⅰ类	$T<0.3$ $S_{\mathrm{II}0}=4\,463T^{2/3}$	$0.3\leqslant T\leqslant 0.7$ $S_{\mathrm{II}0}=2\,000$	$0.7<T$ $S_{\mathrm{II}0}=1\,104/T^{5/3}$
Ⅱ类	$T<0.4$ $S_{\mathrm{II}0}=3\,224T^{2/3}$	$0.4\leqslant T\leqslant 1.2$ $S_{\mathrm{II}0}=1\,750$	$1.2<T$ $S_{\mathrm{II}0}=2\,371/T^{5/3}$
Ⅲ类	$T<0.5$ $S_{\mathrm{II}0}=2\,381T^{2/3}$	$0.5\leqslant T\leqslant 1.5$ $S_{\mathrm{II}0}=1\,500$	$1.5<T$ $S_{\mathrm{II}0}=2\,948/T^{5/3}$

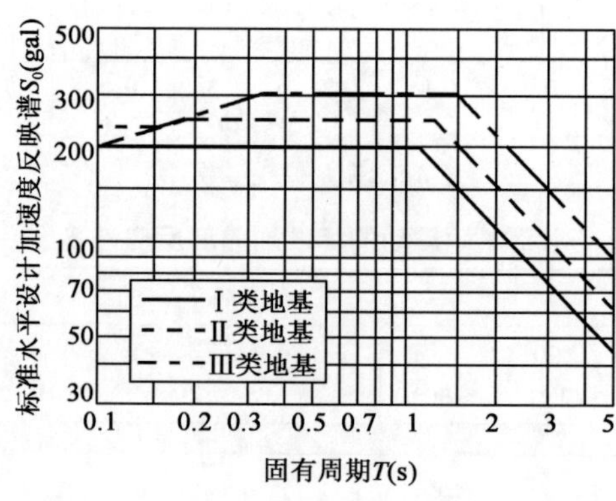

图 3-6 水平 1 地震动的标准加速度反应谱

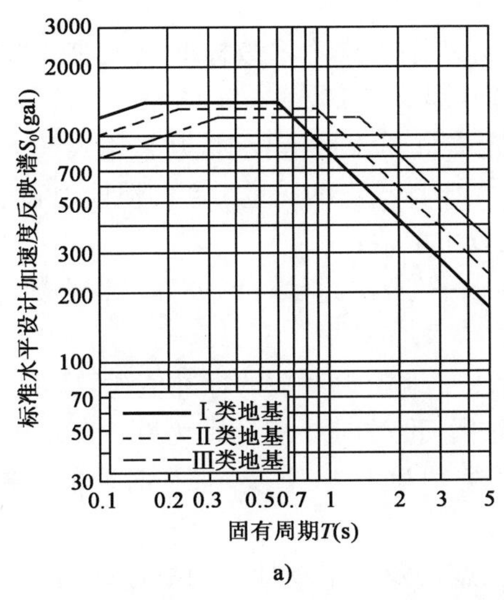

a)

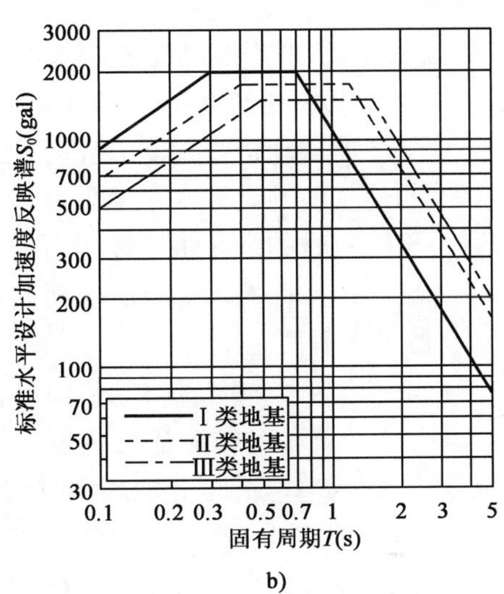

b)

图 3-7　水平 2 地震动的标准加速度反应谱

a)类型Ⅰ地震动；b)类型Ⅱ地震动

日本公路桥梁抗震规范中的设计水平震度根据式(3-5)和式(3-6)确定：

$$k_{\mathrm{h}} = c_{\mathrm{z}} k_{\mathrm{h0}} \tag{3-5}$$

$$k_{\mathrm{hc}} = \begin{cases} c_{\mathrm{s}} c_{\mathrm{I\,z}} k_{\mathrm{hc0}} \\ c_{\mathrm{s}} c_{\mathrm{II\,z}} k_{\mathrm{hc0}} \end{cases} \tag{3-6}$$

式中：k_{h}——水平 1 地震动的设计水平震度；

k_{h0}——水平 1 地震动的标准设计水平震度，见表 3-8；

k_{hc}——水平 2 地震动的设计水平震度；

k_{hc0}——水平 2 地震动的标准设计水平震度，见表 3-9；

c_{z}、$c_{\mathrm{I\,z}}$、$c_{\mathrm{II\,z}}$——地区修正系数；

c_{s}——结构物特征修正系数，

$$c_{\mathrm{s}} = \frac{1}{\sqrt{2\mu_{\alpha} - 1}} \tag{3-7}$$

μ_{α}——完全弹塑性恢复特性的容许塑性率。

水平 1 地震动的抗震性能验算，在计算土的重力引起的惯性力和地震时的土压力时，应采用根据式(3-8)计算出的地基面的设计水平地震力系数。

$$k_{\mathrm{hg}} = c_{\mathrm{z}} k_{\mathrm{hg0}} \tag{3-8}$$

式中：k_{hg}——水平 1 地震动的地基面的设计水平地震力系数(四舍五入到小数

点后两位)；

k_{hg0}——水平1地震动的地基面的设计水平地震力系数标准值，地基类别为Ⅰ类、Ⅱ类、Ⅲ类时，其取值分别为0.16、0.2、0.24。

水平2地震动抗震性能验算时，当判定有砂质土层液化时，则采用式(3-8)计算出的地基面的设计水平地震力系数。用于计算土的质量引起的惯性力和地震时的土压力时的设计水平地震力系数按以下取值：

k_{hg}——水平2地震动地基面的设计水平地震力系数(四舍五入到小数点后两位)；

k_{hg0}——水平2地震动地基面的设计水平地震力系数的标准值，类型Ⅰ地震动时的地基类别为Ⅰ类、Ⅱ类、Ⅲ类时取值分别为0.50、0.45、0.40；类型Ⅱ地震动时的地基类别为Ⅰ类、Ⅱ类、Ⅲ类时取值分别为0.80、0.70、0.60。

对于标准设计水平震度，是由水平1地震动及水平2地震动的标准设计加速度反应谱经过阻尼修正、改变量纲后得到，标准设计水平震度与标准加速度反应谱的关系如图3-8所示；各标准设计水平震度如表3-8、表3-9及图3-9、图3-10所示。

水平1地震动的设计水平地震力系数标准值 k_{h0} 表3-8

地基类别	对应固有周期 T(s)的 k_{h0}(gal)		
Ⅰ类	$T<0.1$ $k_{h0}=0.431T^{1/3}$ $(k_{h0}\geq 0.16)$	$0.1\leq T\leq 1.1$ $k_{h0}=0.2$	$1.1<T$ $k_{h0}=0.213T^{-2/3}$
Ⅱ类	$T<0.2$ $k_{h0}=0.427T^{1/3}$ $(k_{h0}\geq 0.20)$	$0.2\leq T\leq 1.3$ $k_{h0}=0.25$	$1.3<T$ $k_{h0}=0.298T^{-2/3}$
Ⅲ类	$T<0.34$ $k_{h0}=0.430T^{1/3}$ $(k_{h0}\geq 0.24)$	$0.34\leq T\leq 1.5$ $k_{h0}=0.3$	$1.5<T$ $k_{h0}=0.393T^{-2/3}$

水平2地震动(Ⅰ类)的设计水平地震力系数的标准值 k_{hc0} 表3-9a

地基类别	固有周期 T(s)的 k_{hc0}值		
Ⅰ类	$T<0.16$ $k_{hc0}=2.58T^{1/3}$	$0.16\leq T\leq 0.6$ $k_{hc0}=1.40$	$0.6<T$ $k_{hc0}=0.996T^{-2/3}$
Ⅱ类	$T<0.22$ $k_{hc0}=2.15T^{1/3}$	$0.22\leq T\leq 0.9$ $k_{hc0}=1.30$	$0.9<T$ $k_{hc0}=1.21T^{-2/3}$
Ⅲ类	$T<0.34$ $k_{hc0}=1.72T^{1/3}$	$0.34\leq T\leq 1.4$ $k_{hc0}=1.20$	$1.4<T$ $k_{hc0}=1.50T^{-2/3}$

水平 2 地震动(Ⅱ类)的设计水平地震力系数的标准值 k_{hc0} 表 3-9b

地基类别	固有周期 T(s)的 k_{hc0} 值		
Ⅰ类	$T<0.3$ $k_{hc0}=4.46T^{2/3}$	$0.3\leqslant T\leqslant 0.7$ $k_{hc0}=2.0$	$0.7<T$ $k_{hc0}=1.24T^{-4/3}$
Ⅱ类	$T<0.4$ $k_{hc0}=3.22T^{2/3}$	$0.4\leqslant T\leqslant 1.2$ $k_{hc0}=1.75$	$1.2<T$ $k_{hc0}=2.23T^{-4/3}$
Ⅲ类	$T<0.5$ $k_{hc0}=2.38T^{2/3}$	$0.5\leqslant T\leqslant 1.5$ $k_{hc0}=1.50$	$1.5<T$ $k_{hc0}=2.57T^{-4/3}$

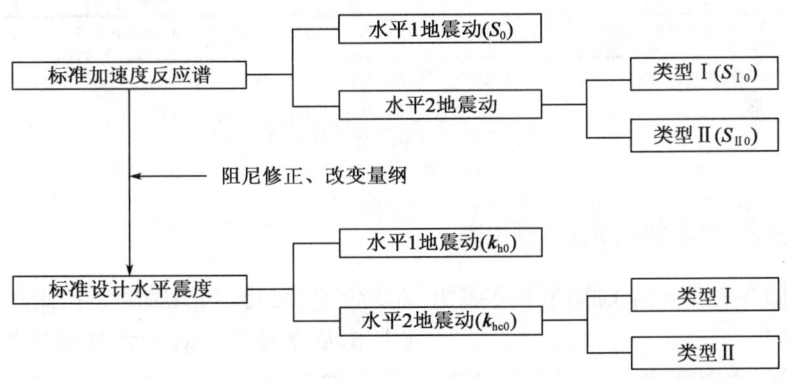

图 3-8 标准设计加速度谱与标准设计水平震度关系图

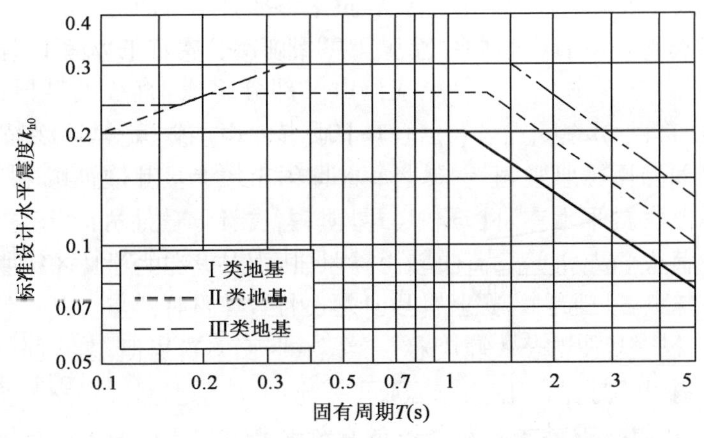

图 3-9 水平 1 地震动标准设计水平震度

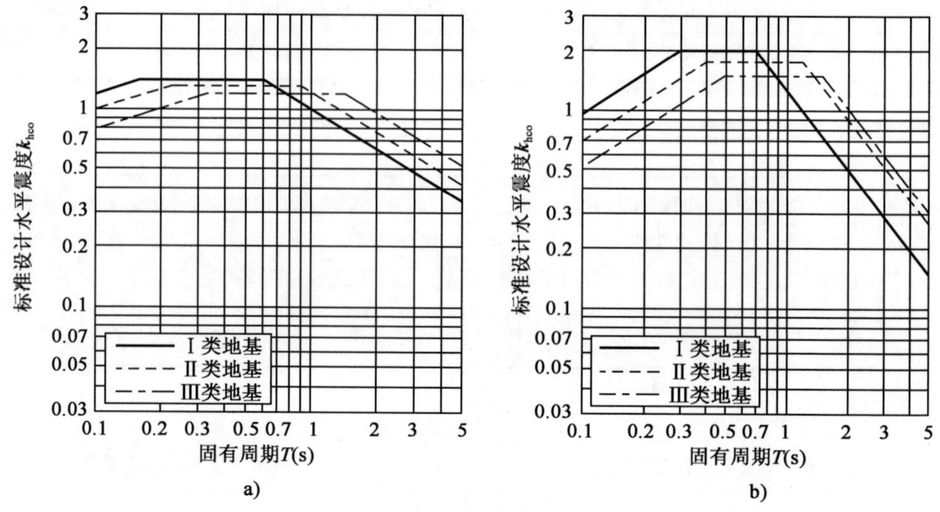

图 3-10　水平 2 地震动标准设计水平震度

a)类型Ⅰ;b)类型Ⅱ

3.5.2 《08 细则》中的反应谱

我国是在规范中应用反应谱较早的国家之一，设计反应谱在我国的应用，已有 40 多年的历史。最早是在 1964 年的抗震规范草案中提出按场地条件分类的抗震设计反应谱，其后经过《89 规范》和《08 细则》的修改，形成目前使用的抗震设计反应谱[15,16]。《08 细则》中给出了一条水平设计加速度反应谱，如图 3-11 所示。

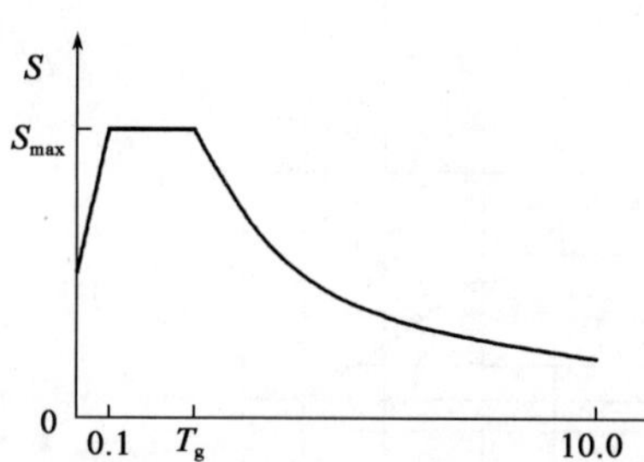

图 3-11　水平设计加速度反应谱

《08 细则》中规定的水平设计加速度反应谱由三部分组成，直线上升段：周期小于 0.1s 的区段；水平段：自 0.1s 至特征周期 T_g 区段；曲线下降段：由特征周期 T_g 到 10s 区段。

阻尼比为 0.05 的水平设计加速度反应谱 S 由式(3-9)确定：

$$S=\begin{cases} S_{max}(5.5T+0.45) & T<0.5s \\ S_{max} & 0.1s\leqslant T\leqslant T_g \\ S_{max}(T_g/T) & T>T_g \end{cases} \tag{3-9}$$

式中：T_g——特征周期(s)；

T——结构自振周期(s)；

S_{max}——水平设计加速度反应谱最大值。

水平设计加速度反应谱最大值 S_{max} 由式(3-10)确定：

$$S_{max} = 2.25 C_i C_s C_d A \tag{3-10}$$

式中：C_i——抗震重要性系数；

C_s——场地系数；

C_d——阻尼调整系数；

A——水平向设计基本地震动加速度峰值。

3.5.3 水平设计反应谱参数比较

1)特征周期

《08 细则》和日本公路桥梁抗震规范规定的反应谱的特征周期如表 3-10 所示。

特 征 周 期 T_g 表 3-10

规范 / 类型	《08 细则》			日本公路桥梁抗震规范		
	区划图上特征周期(s)			水平 1 地震动(s)	水平 2 地震动(s)	
	0.35	0.40	0.45		类型Ⅰ	类型Ⅱ
Ⅰ	0.25	0.30	0.35	1.1	1.4	0.7
Ⅱ	0.35	0.40	0.45	1.3	1.6	1.2
Ⅲ	0.45	0.55	0.65	1.5	2.0	1.5
Ⅳ	0.65	0.75	0.90	—	—	—

由表 3-10 可以看出：

(1)日本公路桥梁抗震规范规定的特征周期较长。《08 细则》中特征周期的最小值为 0.25s，日本公路桥梁抗震规范特征周期的最小值为 1.1s，相差了 4.4 倍；《08 细则》中的特征周期最大值为 0.9s，日本公路桥梁抗震规范的特征周期最大值为 2.0s，相差了 2.2 倍。

(2)除Ⅰ类场地土条件下的水平 2(类型Ⅱ)地震动外，日本公路桥梁抗震规范规定的特征周期均在 1.0s 以上，并且Ⅲ类场地土条件下的水平 2(类型Ⅰ)地震动的特征周期达到了 2.0s，从而可以看出《08 细则》的反应谱的频谱平台宽度较日本公路桥梁抗震规范的小。

2)抗震重要性系数

《08 细则》根据不同的桥梁分类及地震作用水平给出了桥梁的抗震重要性系数,如表 3-11 所示。

桥梁的抗震重要性系数 C_i 表 3-11

桥 梁 类 型	E1 地震作用	E2 地震作用
A类	1.0	1.7
B类	0.43(0.5)	1.3(1.7)
C类	0.34	1.0
D类	0.23	—

注:高速公路和一级公路上的大桥、特大桥,其抗震重要性系数取 B 类括号内的值。

日本抗震设计规范虽然把桥梁分为 A、B 两类桥,但却没有给出重要度修正系数,而是从抗震性能要求上区分,没有通过桥梁的重要度对地震力进行调整。

3)阻尼调整系数

《08 细则》中规定了阻尼比为 0.05 的阻尼调整系数为 1.0,结构的阻尼比不等于 0.05 时,结构的阻尼调整系数 C_d 根据式(3-11)计算。

$$C_d = 1 + \frac{0.05 - \xi}{0.06 + 1.7\xi} \geqslant 0.55 \tag{3-11}$$

式中:ξ——结构的阻尼比。

日本公路桥梁抗震规范规定了阻尼修正系数 c_D 根据式(3-12)计算。

$$c_D = \frac{1.5}{40h + 1} + 0.5 \tag{3-12}$$

式中:h——结构的阻尼比。

《08 细则》和日本公路桥梁抗震规范中的阻尼修正系数对比如表 3-12 及图 3-12 所示。

阻尼调整系数对比 表 3-12

阻尼比(ξ、h)	阻尼调整系数 C_d/c_D	
	《08 细则》	日本公路桥梁抗震规范
0.00	1.83	2.00
0.05	1.00	1.00
0.10	0.78	0.80
0.15	0.68	0.71
0.20	0.63	0.67
0.25	0.59	0.64

续上表

阻尼比(ξ、h)	阻尼调整系数 C_d/c_D	
	《08 细则》	日本公路桥梁抗震规范
0.30	0.56	0.62
0.35	0.54	0.60
0.40	0.53	0.59
0.45	0.52	0.58
0.50	0.51	0.57

由表 3-12 和图 3-12 可以看出：

(1)《08 细则》和日本公路桥梁抗震规范的阻尼调整系数随阻尼比的变化趋势相同，即阻尼调整系数均随着阻尼比的增加而减小。

(2)当阻尼比等于 0.05 时，《08 细则》和日本公路桥梁抗震规范的阻尼调整系数相同，均为 1.0。当阻尼比不等于 0.05 时，《08 细则》的阻尼调整系数较日本公路桥梁抗震规范小。

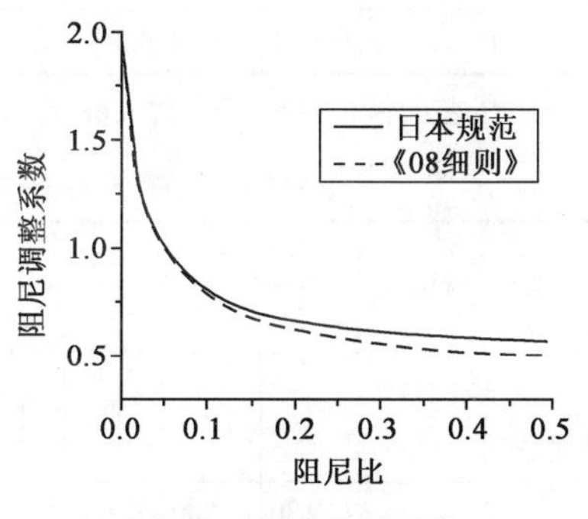

图 3-12　阻尼调节系数

4)峰值加速度

不同地震水平、不同场地土条件下的反应谱峰值加速度如表 3-13 和表 3-14 所示。

峰值加速度(日本公路桥梁抗震规范)　　表 3-13

条　件	水平 1 地震动			水平 2 地震动					
				类型Ⅰ			类型Ⅱ		
地区调整系数 \ 地基类别	Ⅰ	Ⅱ	Ⅲ	Ⅰ	Ⅱ	Ⅲ	Ⅰ	Ⅱ	Ⅲ
A1	0.080	0.100	0.120	0.280	0.340	0.400	0.800	0.700	0.600
A2									
B1	0.068	0.085	0.102	0.238	0.289	0.340	0.680	0.595	0.510
B2									
C	0.056	0.070	0.084	0.196	0.238	0.280	0.560	0.490	0.420

E1 水平地震下的峰值加速度(《08 细则》)(烈度:6～7 度) 表 3-14a

条件	烈度 6				烈度 7							
	A=0.05g				A=0.10g				A=0.15g			
桥梁分类＼场地条件	Ⅰ	Ⅱ	Ⅲ	Ⅳ	Ⅰ	Ⅱ	Ⅲ	Ⅳ	Ⅰ	Ⅱ	Ⅲ	Ⅳ
A	0.060	0.050	0.055	0.060	0.100	0.100	0.130	0.140	0.135	0.150	0.180	0.195
B^+	0.030	0.025	0.027	0.030	0.050	0.050	0.065	0.070	0.068	0.075	0.090	0.098
B	0.026	0.022	0.024	0.026	0.043	0.043	0.056	0.060	0.058	0.065	0.077	0.084
C	0.020	0.017	0.019	0.02	0.034	0.034	0.044	0.048	0.046	0.051	0.061	0.066
D	0.014	0.012	0.013	0.014	0.023	0.023	0.030	0.032	0.031	0.035	0.041	0.045

注:高速公路和一级公路上的大桥、特大桥,峰值加速度取 B^+ 值,下同。

E1 水平地震下的峰值加速度(《08 细则》)(烈度:8～9 度) 表 3-14b

条件	烈度 8								烈度 9			
	A=0.20g				A=0.30g				A=0.40g			
桥梁分类＼场地条件	Ⅰ	Ⅱ	Ⅲ	Ⅳ	Ⅰ	Ⅱ	Ⅲ	Ⅳ	Ⅰ	Ⅱ	Ⅲ	Ⅳ
A	0.180	0.200	0.240	0.260	0.270	0.300	0.300	0.300	0.360	0.400	0.400	0.360
B^+	0.090	0.100	0.120	0.130	0.135	0.150	0.150	0.150	0.180	0.200	0.200	0.180
B	0.077	0.086	0.103	0.112	0.116	0.129	0.129	0.129	0.155	0.172	0.172	0.155
C	0.061	0.068	0.082	0.088	0.092	0.102	0.102	0.102	0.122	0.136	0.136	0.122
D	0.041	0.046	0.055	0.060	0.062	0.069	0.069	0.069	0.083	0.092	0.092	0.083

E2 水平地震下的峰值加速度(《08 细则》)(烈度:6～7 度) 表 3-14c

条件	烈度 6				烈度 7							
	A=0.05g				A=0.10g				A=0.15g			
桥梁分类＼场地条件	Ⅰ	Ⅱ	Ⅲ	Ⅳ	Ⅰ	Ⅱ	Ⅲ	Ⅳ	Ⅰ	Ⅱ	Ⅲ	Ⅳ
A	0.102	0.085	0.094	0.102	0.170	0.170	0.221	0.238	0.230	0.255	0.306	0.332
B^+	0.102	0.085	0.094	0.102	0.170	0.170	0.221	0.238	0.230	0.255	0.306	0.332
B	0.078	0.065	0.072	0.078	0.130	0.130	0.169	0.182	0.176	0.195	0.234	0.254
C	0.060	0.050	0.055	0.060	0.100	0.100	0.130	0.140	0.135	0.150	0.180	0.195
D	—	—	—	—	—	—	—	—	—	—	—	—

E2 水平地震下的峰值加速度(《08 细则》)(烈度:8～9 度)　　表 3-14d

条　件	烈 度 8								烈 度 9			
	$A=0.20g$				$A=0.30g$				$A=0.40g$			
场地条件 / 桥梁分类	Ⅰ	Ⅱ	Ⅲ	Ⅳ	Ⅰ	Ⅱ	Ⅲ	Ⅳ	Ⅰ	Ⅱ	Ⅲ	Ⅳ
A	0.306	0.340	0.408	0.442	0.459	0.51	0.510	0.510	0.612	0.680	0.680	0.612
B^+	0.306	0.340	0.408	0.442	0.459	0.51	0.510	0.510	0.612	0.680	0.680	0.612
B	0.234	0.260	0.312	0.338	0.351	0.390	0.390	0.390	0.468	0.520	0.520	0.468
C	0.180	0.200	0.240	0.260	0.270	0.300	0.300	0.300	0.360	0.400	0.400	0.360
D	—	—	—	—	—	—	—	—	—	—	—	—

由表 3-13 和表 3-14 可以看出:日本公路桥梁抗震规范不同场地条件下水平 1 地震动的峰值加速度最小值为 0.056,最大值为 0.120,《08 细则》E1 水平地震的峰值加速度最小值为 0.012,最大值为 0.40,日本公路桥梁抗震规范不同场地下水平 1 地震动峰值加速度最小值比《08 细则》的大,最大值比《08 细则》小,日本公路桥梁抗震规范不同场地土条件下的水平 1 地震动的峰值加速度基本与《08 细则》E1 地震作用的 8 度区相仿。对于不同场地条件下日本公路桥梁抗震规范水平 2 地震动(类型Ⅰ)峰值加速度最小值为 0.196,最大值为 0.400,水平 2 地震动(类型Ⅱ)峰值加速度最小值为 0.420,最大值为 0.800,《08 细则》E2 地震作用下峰值加速度最小值为 0.050,最大值为 0.680,日本公路桥梁抗震规范中的水平 2 地震动(类型Ⅰ)峰值加速度与《08 细则》中 E2 水平地震的 8 度区相仿;水平 2 地震动(类型Ⅱ)峰值加速度大于《08 细则》E2 水平地震的 9 度区。并且日本公路桥梁抗震规范不同地震动加速度的取值范围相对集中。

上述反应谱的峰值加速度没有考虑 2.25 放大系数的影响。而地震作用的大小与设计反应谱最大值有关,为了对比《08 细则》和日本公路桥梁抗震规范在地震作用上的区别,选择日本公路桥梁抗震规范中的 A 类区域和《08 细则》中的 8 度区、B 类桥(包括高速公路和一级公路上的大桥、特大桥)、Ⅱ类场地条件,对比加速度反应谱最大值。即在《08 细则》与日本公路桥梁抗震规范的反应谱参数条件相同或基本相同时,比较《08 细则》和日本公路桥梁抗震规范的水平设计加速度反应谱的最大值的关系,看出《08 细则》和日本抗震抗震规范所考虑的地震作用的差异。水平设计加速度反应谱最大值比较如表 3-15 所示。

由表 3-15 可以看出：

(1)日本公路桥梁抗震规范水平 1 地震动的加速度反应谱最大值与《08 细则》的 E1 地震作用的基本相同，因此，日本公路桥梁抗震规范与《08 细则》在弹性抗震设计中所考虑的地震作用大体相同。

(2)日本公路桥梁抗震规范的水平 2 地震动(类型Ⅰ)的加速度反应谱最大值与《08 细则》E2 地震作用的基本相同，但水平 2 地震动(类型Ⅱ)的加速度反应谱最大值大于《08 细则》的 E2 地震作用的加速度反应谱最大值，并且最大达到了 3.42 倍，因此，《08 细则》的延性抗震设计与日本公路桥梁抗震规范相比存在不足。

水平设计加速度反应谱最大值 表 3-15

<table>
<tr><th>规　范</th><th colspan="2">地 震 作 用</th><th colspan="2">加速度反应谱最大值(g)</th><th>日本</th><th>中国</th></tr>
<tr><td>日本公路桥梁抗震规范</td><td colspan="2">水平 1 地震动(震度法)</td><td colspan="2">0.200</td><td rowspan="2">0.89</td><td rowspan="2">1.03</td></tr>
<tr><td>《08 细则》</td><td colspan="2">E1</td><td>0.225</td><td>0.194</td></tr>
<tr><td rowspan="2">日本公路桥梁抗震规范</td><td rowspan="2">水平 2 地震动(保有水平耐力法)</td><td>类型Ⅰ</td><td colspan="2">0.700</td><td rowspan="2">1.20</td><td rowspan="2">0.92</td></tr>
<tr><td>类型Ⅱ</td><td colspan="2">2.000</td></tr>
<tr><td>《08 细则》</td><td colspan="2">E2</td><td>0.585</td><td>0.765</td><td>3.42</td><td>2.61</td></tr>
</table>

综上所述，加速度反应谱曲线的特点如表 3-16 所示。

加速度反应谱曲线的特点 表 3-16

规　范	平台段开始周期	平台段终止周期	平台段高度	下降段	固有周期最大值(s)
《08 细则》	固定值(0.1s)	根据特征周期(与场地土类别和周期分区有关)确定	与基本地面加速度峰值、场地系数、抗震重要性系数有关	1 段	10
日本抗震规范	考虑了场地类别、震级	与场地类别有关	与场地类别、地震有关	1 段	5

3.6 加速度时程

《08 细则》关于设计加速度时程的规定分为了两种情况：

(1)已经作了地震安全性评价的桥址，设计地震动时程根据专门的工程场地地震安全性评价的结果确定。

(2)未作地震安全性评价的桥址,根据加速度反应谱,合成与其兼容的设计加速度时程;也可以选用与设定地震震级、距离大体相近的实际地震动加速度记录,通过时域方法调整,使其反应谱与设计加速度反应谱兼容。

同时,为了考虑地震动的随机性,设计加速度时程不得少于三组,并且应保证任意两组间同方向时程的相关系数的绝对值小于 0.1。相关系数可根据式(3-13)计算。

$$|\rho| = \left| \frac{\sum_j a_{1j} \cdot a_{2j}}{\sqrt{\sum_j a_{1j}^2} \cdot \sqrt{\sum_j a_{2j}^2}} \right| \tag{3-13}$$

日本公路桥梁抗震规范对于动力分析采用加速度时程分析方法,要求其最好采用建设场地实测的强震记录,但大多情况下,却不能观测到此强震记录,因此,输入的地震动考虑地震动的强度、周期特性、持续时间及桥梁的固有周期、阻尼比等,把以往发生的具有代表性的强震记录通过振幅调整(使地震波与加速度反应谱具有相似的特性)后使用。鉴于此,日本公路桥梁抗震规范给出了 21 条(水平 1 地震动 3 个+水平 2 地震动的 18 个)经振幅调整后与规范反应谱特性相一致的地震加速度时程波。其加速度时程波如图 3-13～图 3-15 所示。因为地震时程的标准化,使得工程应用非常方便,时程分析方法得到了广泛的应用[17]。

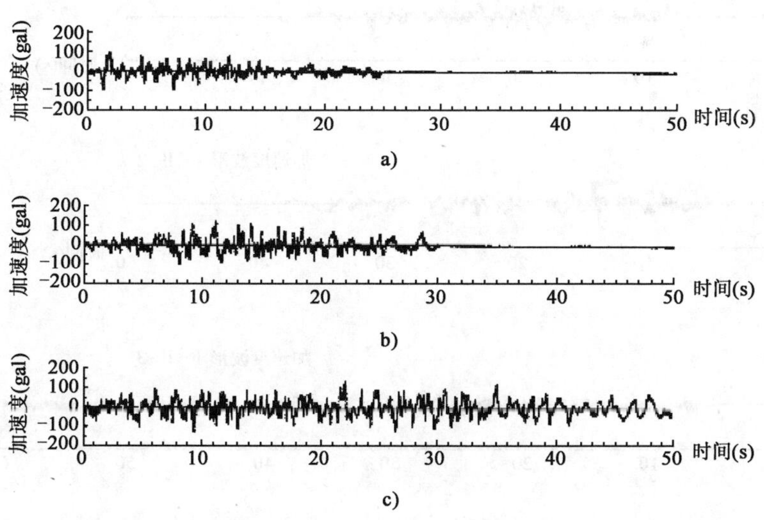

图 3-13　水平 1 地震动加速度时程

a)Ⅰ类场地土;b)Ⅱ类场地土;c)Ⅲ类场地土

加速度波形Ⅰ-Ⅰ-1
加速度波形Ⅰ-Ⅰ-2
加速度波形Ⅰ-Ⅰ-3
加速度(gal)
时间(s)

a)

加速度波形Ⅰ-Ⅱ-1
加速度波形Ⅰ-Ⅱ-2
加速度波形Ⅰ-Ⅱ-3
加速度(gal)
时间(s)

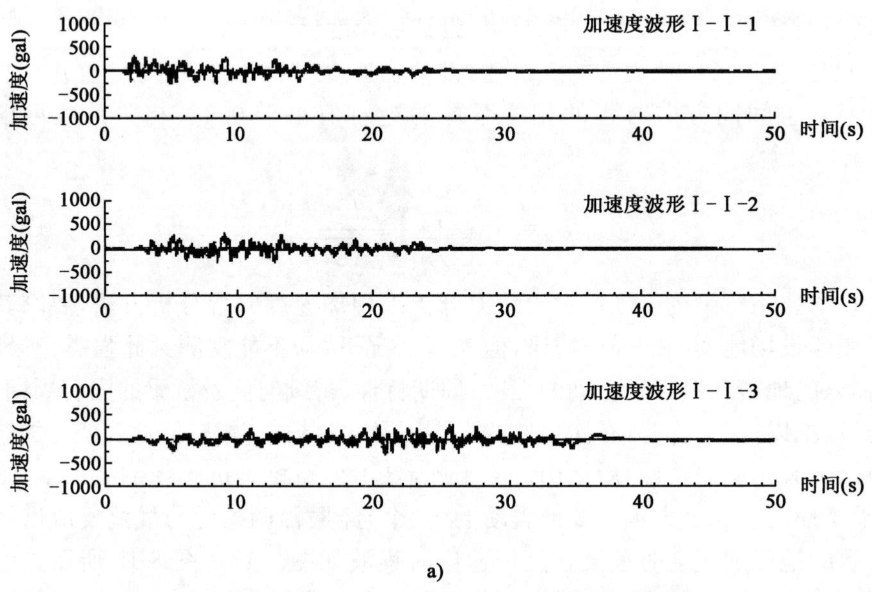

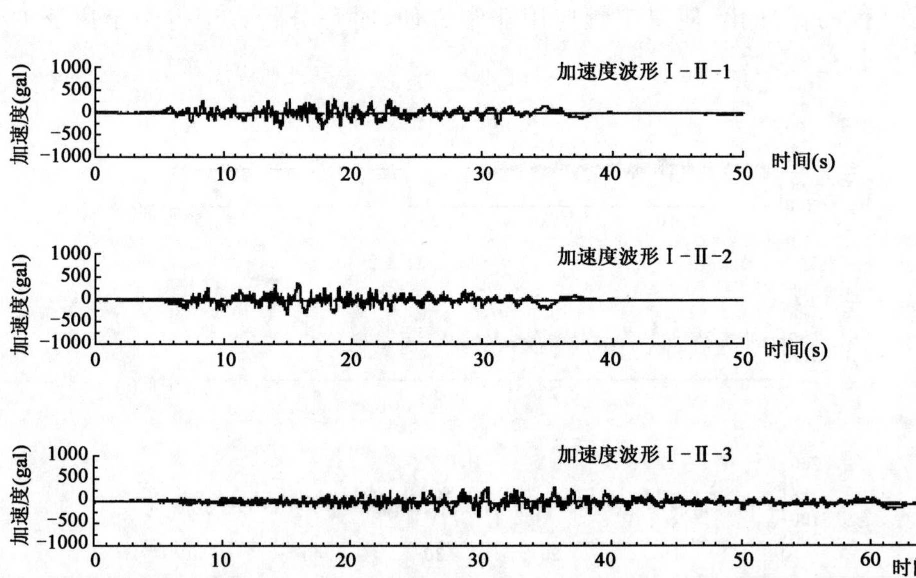

b)

图 3-14

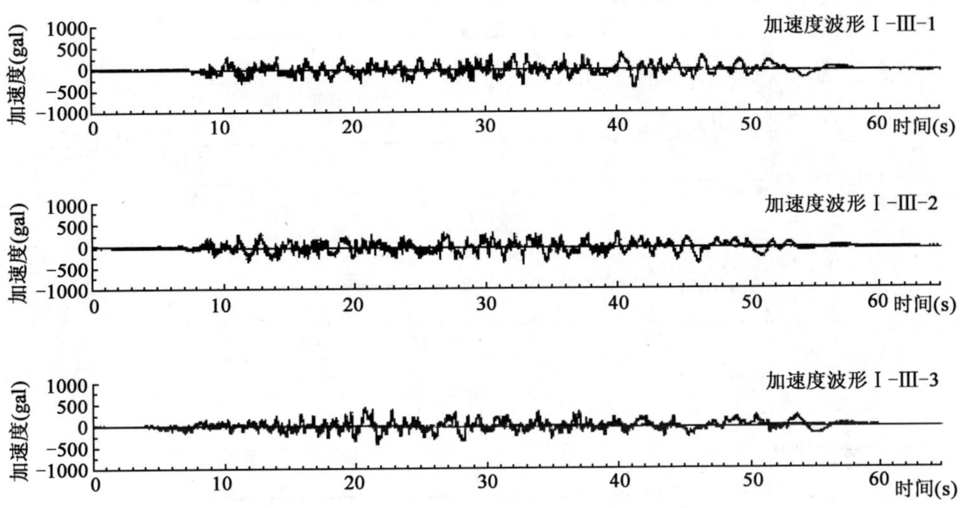

c)

图 3-14　水平 2 地震动(类型Ⅰ)

a)Ⅰ类场地土;b)Ⅱ类场地土;c)Ⅲ类场地土

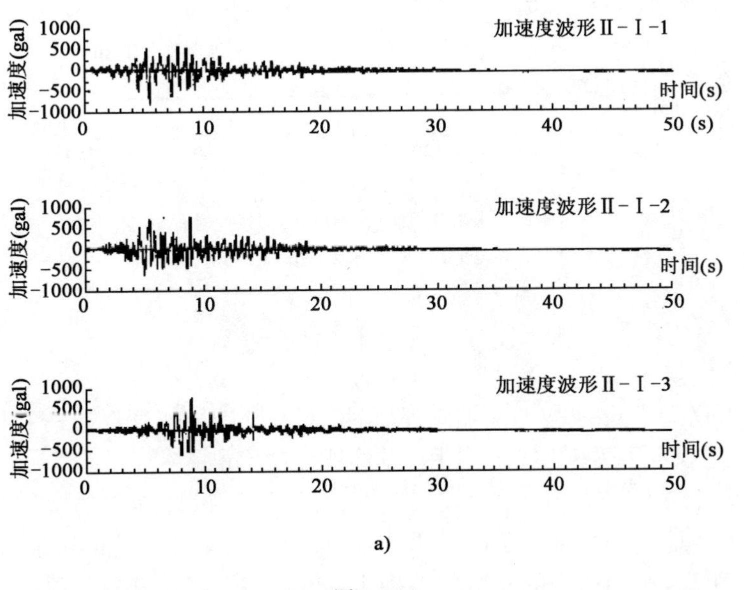

a)

图　3-15

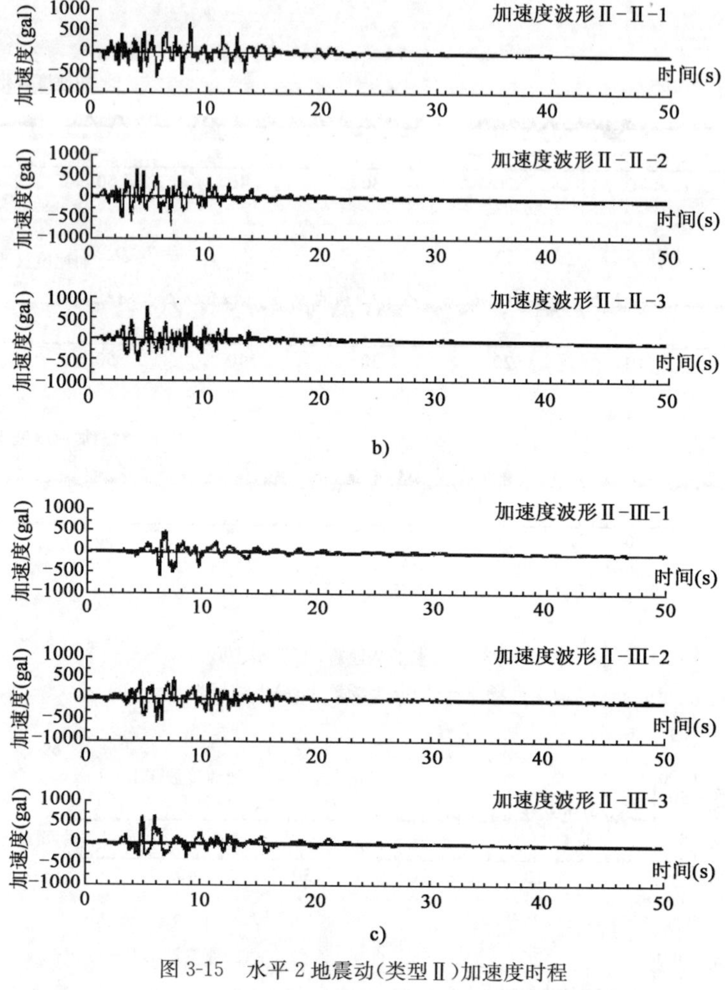

图 3-15 水平 2 地震动(类型Ⅱ)加速度时程

a)Ⅰ类场地土;b)Ⅱ类场地土;c)Ⅲ类场地土

3.7 设计功率谱

与日本规范不同的是,《08 细则》除了给出了设计加速度反应谱和设计地震动时程外,还规定了另一种地震作用,设计地震功率谱。

《08 细则》规定,对于已做地震安全评价的桥址,设计地震功率谱可根据专门的工程场地地震安全性评价的结果确定;没有做安全性评价的桥址,根据设计地震震级、距离,选用适当的衰减关系确定,或根据式(3-14)确定(单边功率谱)。

$$S_{\mathrm{a}}(\omega)=\frac{T\xi}{\pi^{2}}\frac{S^{2}}{\ln\left[\left(-\frac{T}{2t_{\mathrm{d}}}\ln p\right)^{-1}\right]} \tag{3-14}$$

式中：S——设计加速度反应谱；

p——不超越概率，取 0.5；

t_{d}——地震持续时间(s)；

ξ——阻尼比；

T——周期(s)，$T=2\pi/\omega$；

ω——圆频率(rad/s)。

日本公路桥梁抗震规范没有采用功率谱进行抗震设计。

3.8　竖向地震作用

日本公路桥梁抗震规范中的竖向地震作用表征为竖向设计震度，用于支座验算时所需竖向设计地震力计算，设计竖向震度由设计水平震度乘以一个折减系数得到，这个系数如表 3-17 所示。

竖向设计地震力折减系数　　表 3-17

	水平 1 地震动（A 型支座）	水平 2 地震动(B 型支座)	
		Ⅰ类	Ⅱ类
折减系数	0.5	0.5	0.67

《08 细则》中竖向地震作用表征为竖向加速度反应谱，其根据水平向设计加速度反应谱乘以竖向/水平向谱比函数 R 确定，竖向/水平向谱比函数 R 根据式(3-15)和式(3-16)计算。

基岩场地：

$$R=0.65 \tag{3-15}$$

土层场地：

$$R=\begin{cases}1.0 & T<0.1\mathrm{s}\\ 1.0-2.5(T-0.1) & 0.1\mathrm{s}\leqslant T<0.3\mathrm{s}\\ 0.5 & T\geqslant 0.3\mathrm{s}\end{cases} \tag{3-16}$$

式中：T——结构自振周期(s)。

第 4 章　抗震设计分析方法

4.1　抗震设计方法的选择条件

日本桥梁抗震规范在抗震分析中根据地震时结构的响应复杂程度对桥梁进行了分类，主要分为地震时反应不复杂的桥梁和地震时反应复杂的桥梁。

1)地震时反应不复杂的桥梁

对于满足如下条件的桥梁可以认为是地震时反应不复杂的桥梁：

(1)地震影响的作用和地震时的反应能够通过静力分析计算，并且以第 1 阶卓越振型为主的结构体系。

(2)以第 1 阶卓越振型为主，产生塑性化的部位明确，能够适用于能量恒定准则的结构体系。

2)地震时反应复杂的桥梁

(1)自振周期较长的桥(一般自振周期在 1.5s 以上)，或者桥墩较高的桥(一般在 30m 以上)。

(2)使用了橡胶支座的地震时水平分散构造的桥梁。

(3)减隔震桥梁。

(4)框架桥梁。

(5)钢桥墩中产生塑性化的桥。

(6)斜拉桥、悬索桥等缆索体系桥梁。

(7)上、中承式拱桥。

(8)因曲率半径小而引起的主梁两端所成角度较大的桥梁。

《08 细则》的抗震分析适用于单跨跨径不超过 150m 的混凝土梁桥、圬工或混凝土拱桥等常规桥梁的抗震分析，对于墩高超过 40m，墩身第一阶振型有效质量低于 60%，且结构进入塑性的高墩桥梁应做专门研究。《08 细则》根据桥梁动力响应特性的复杂程度，将常规桥梁分为规则桥梁和非规则桥梁两类。规则桥梁的定义如表 4-1 所示。一般情况下梁桥属于规则桥梁，但对于不在表 4-1 限定范围内的梁桥则属于非规则桥梁；拱桥属于非规则桥梁。

规则桥梁的定义　　表 4-1

参　数	参 数 值				
单跨最大跨径	≤90m				
墩高	≤30m				
单墩高度与直径或跨度比	大于 2.5 且小于 10				
墩数	2	3	4	5	6
曲线桥梁圆心角 φ 及半径 R	单跨 $\varphi<30°$且一联累计 $\varphi<90°$，同时曲梁半径 $R\geqslant 20b$（b 为桥宽）				
跨与跨间最大跨长比	3	2	2	1.5	1.5
轴压比	<0.3				
跨与跨间桥墩最大刚度比	—	4	4	3	2
支座类型	普通板式橡胶支座、盆式支座（铰接约束）。使用滑板支座、减隔震支座等的桥梁属于非规则桥梁				
下部结构类型	桥墩为单柱墩、双柱框架墩、多柱排架墩				
地基条件	不易液化、侧向滑移或易冲刷的场地，远离断层				

《08 细则》和日本公路桥梁抗震规范在抗震分析中均根据地震时桥梁反应的复杂程度对桥梁进行了分类，但日本公路桥梁抗震规范规定的较为明确；两国规范中桥梁分类的主要目的均为根据不同的桥梁类型选择不同的抗震设计计算方法。

4.2　抗震设计分析方法

依据所考虑的地震动的特点，结构地震反应分析方法可以分为两大类，即确定性方法和随机振动方法，其中，确定性方法使用地震记录或由其他方法确定的地震波来求出结构的反应，随机振动方法则把地震视为随机过程，把具有统计性质的地震动作用在结构上，来求出结构的反应。确定性方法又进一步分为静力法、拟静力法、反应谱法和动力时程法，其中由于地震动的随机性，拟静力法应用很少，目前为止绝大多数国家现行的桥梁抗震设计规范均采用确定性方法[18]。《08 细则》和日本公路桥梁抗震规范中采用的也是确定性的方法，其抗震设计分析方法如表 4-2 所示。

从表 4-2 中可以看出：对于静力分析方法，日本公路桥梁抗震规范和《08 细则》均不同，动力分析方法中《08 细则》比日本公路桥梁抗震规范多了功率谱法。

抗震设计分析方法　　表 4-2

<table>
<tr><th>规范
方法</th><th>日本公路桥梁抗震规范</th><th>《08 细则》</th></tr>
<tr><td rowspan="2">静力分析方法</td><td>震度法</td><td>等效静力法</td></tr>
<tr><td>地震时保有水平抗力法</td><td>非线性静力法</td></tr>
<tr><td rowspan="3">动力分析方法</td><td rowspan="2">反应谱法</td><td>反应谱法</td></tr>
<tr><td>功率谱法</td></tr>
<tr><td>时程反应分析</td><td>时程反应分析</td></tr>
</table>

4.3 抗震设计分析计算方法的选择

日本公路桥梁抗震规范中对于地震时反应不复杂的桥梁及地震时反应复杂的桥梁所采用的抗震分析计算方法如表 4-3 所示。

抗震分析计算方法选择　　表 4-3

<table>
<tr><th rowspan="3">桥梁的动力特性
抗震性能</th><th rowspan="3">地震时反应不复杂的桥梁</th><th colspan="3">地震时响应复杂的桥梁</th></tr>
<tr><th rowspan="2">有多处产生塑性化和非线性的桥梁及不适用于能量一定准则的桥梁</th><th colspan="2">不适用于静力分析的桥梁</th></tr>
<tr><th>可能有高阶模态影响的桥梁</th><th>塑性铰产生位置不明确、产生复杂振动反应的桥梁</th></tr>
<tr><td>抗震性能 1</td><td>静力分析法</td><td>静力分析法</td><td>动力分析法</td><td>动力分析法</td></tr>
<tr><td>抗震性能 2</td><td rowspan="2">静力分析法</td><td rowspan="2">动力分析法</td><td rowspan="2">动力分析法</td><td rowspan="2">动力分析法</td></tr>
<tr><td>抗震性能 3</td></tr>
<tr><td>适用桥梁</td><td>①由固定支座和可动支座支承的桥（曲线桥除外）；
②由两侧桥台支承的简支梁桥（减隔震桥除外）</td><td>①使用了橡胶支座的地震时水平分散构造的桥梁；
②减隔震桥梁；
③框架桥梁；
④钢桥墩中产生塑性化的桥梁</td><td>①自振周期较长的桥梁；
②桥墩较高的桥梁</td><td>①斜拉桥、悬索桥等索系桥梁；
②上、中承式拱桥；
③曲线桥梁</td></tr>
</table>

注：动力分析法也可以用于分析地震时不复杂的桥梁。

日本公路桥梁抗震规范中除表 4-3 中所列的情况适用动力分析方法之外，对于以下情况也可以采用动力分析计算方法。

（1）研究竖向地震动的影响。

（2）具有特殊形状的桥墩和上部结构的桥梁。

(3)研究由于重力差异较大的梁与梁之间，或梁和桥台之间的碰撞，主梁的惯性力传递到其他梁时的影响。

(4)具有受动水压力影响较大的桥墩的桥梁。

(5)采用以前没有实例的新结构形式的桥梁。

《08细则》规定，对于采用重力式桥台的桥梁，可以采用静力法进行计算。对于动力分析方法中的反应谱、时程及功率谱法的应用如表4-4所示。

桥梁抗震分析可采用的计算方法　　表4-4

地震作用＼桥梁分类	A类	B类		C类		D类	
	非规则	规则	非规则	规则	非规则	规则	非规则
E1	MM/TM	SM/MM	MM/TM	SM/MM	MM/TM	SM/MM	MM
E2	TM	SM/MM	TM	SM/MM	TM	—	—

注：TM-线性或非线性时程计算方法；SM-单振型反应谱法或功率谱法；MM-多振型反应谱法或功率谱法。对于采用SM、MM的均可采用时程计算方法。

4.4　抗震设计用静力计算分析方法

静力分析法就是把地震的影响通过震度换算成惯性力，把惯性力看做静力荷载作用于结构物上做抗震计算的方法。

《08细则》和日本公路桥梁抗震规范中都规定了抗震分析用静力计算方法，但在《08细则》中只是简单的做了一下规定，对于计算方法没有详细的说明，可操作性有待于加强。而日本公路桥梁抗震规范对于静力计算分析方法做了较为详细的规定，下面对于日本公路桥梁抗震规范中的静力计算分析方法做一介绍以供参考。

日本公路桥梁抗震规范中的静力计算方法分为震度法和地震时保有水平抗力法，所谓的震度法，就是考虑结构物的弹性域特性，把地震引起的荷载转换为静力荷载进行设计的抗震设计方法；所谓的地震时保有水平抗力法就是考虑结构的非线性域的变形性能和抗力，把地震引起的荷载转换成静力荷载进行设计的抗震设计方法。这两种抗震设计方法均是将地震影响通过震度转换为静力作用(惯性力)的方法，所以将这两种方法统一称为静力分析方法[18]。震度法适用于抗震性能1的抗震性能验算，即水平1地震动作用下的抗震性能验算，而地震时保有水平抗力法适用于抗震性能2和抗震性能3的抗震性能验算，即水平2地震动作用下的抗震性能验算。

4.5 采用静力验算法时荷载的计算方法

日本抗震规范根据静力验算法进行抗震性能验算时,考虑了惯性力、地震时土压力、地震时动水压力、地基的液化及流动化等的影响。但对于抗震设计地基面以下的结构部分,可不计惯性力、地震时土压力和动水压力作用。

4.5.1 惯性力的计算方法

日本公路桥梁抗震规范中的震度法和地震时保有水平抗力法的惯性力的计算方法大体相同,均为结构物的重力乘以设计水平震度(震度法采用水平 1 地震动的设计水平震度,地震时保有水平抗力法采用水平 2 地震动的设计水平震度),并且惯性力均作用于设计振动单位的惯性力作用方向上。另外,采用震度法计算时,如果上部结构和下部结构的连接部分为可动,则作为上部结构的惯性力,为作用于连接部分的支座摩擦力;采用地震时保有水平抗力法计算时,如果上部结构和下部结构的连接部分为可动,上部结构的惯性力为上部结构的恒载反力的一半乘以水平 2 地震动的设计水平震度。日本公路桥梁抗震规范惯性力的计算流程如图 4-1 所示。

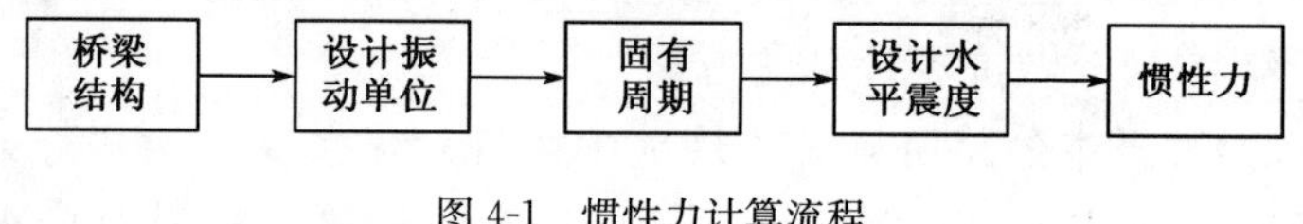

图 4-1 惯性力计算流程

4.5.2 设计振动单位

日本公路桥梁抗震规范中惯性力的计算跟设计振动单位有关。桥梁的振动特性随着桥墩、桥台的刚度及高度,基础地基特性,上部结构特性的变化而变化,因此,把桥梁地震时一起振动的部分看成一个振动单位。即把设计振动单位看成地震时一起振动的结构系,然后根据每个振动单位计算惯性力。设计振动单位根据惯性力作用方向、桥梁形式、支承条件、桥墩间的固有周期特性确定,如表 4-5 所示。

4.5.3 惯性力作用方向及位置

地震时,任意方向的惯性力能够通过水平两个方向来表现。因为这两个方向的惯性力同时达到最大的可能性很低,所以,可以把水平两个方向的惯性力单

独作用于桥梁上。对于惯性力作用方向，如图 4-2 所示，直桥时，为顺桥向和横桥向；对于斜桥，土压力的水平分量的作用方向与顺桥向不同时，惯性力作用于土压力的水平分量及其垂直分量方向上。当斜桥斜角较大时（一般角度在 60°以上），考虑到计算的简便，可将斜桥看成直桥，求出顺桥向和横桥向惯性力，惯性力作用于各个土压力的水平及垂直分量方向。但对于跨度较长、桥宽较窄而上部结构横桥向刚度较小的斜桥，惯性力作用于横桥向比惯性力作用于土压力垂直分量方向，对上部结构更不利。因此，此种桥梁上部结构抗震设计时，惯性力可以作用于横桥向。

设计振动单位的确定 表 4-5

<table>
<tr><th>桥梁形式</th><th colspan="3">顺桥向</th><th colspan="3">横桥向</th><th>设计振动单位</th></tr>
<tr><td rowspan="3">连续梁桥</td><td rowspan="3">顺桥向支承条件</td><td>地震时水平分散结构</td><td colspan="4">橡胶支座 橡胶支座 橡胶支座
（横桥向为固定条件时，根据桥墩间的固有周期特性对应确定设计振动单位）</td><td rowspan="2">多个下部结构与其支承的上部结构构成</td></tr>
<tr><td>多点固定</td><td>滑动 固定 固定 滑动
固定 固定 固定</td><td rowspan="2">桥墩间的固有周期特性</td><td>差异较大</td><td></td></tr>
<tr><td>单点固定</td><td>滑动 固定 固定 滑动
滑动 固定 滑动 滑动</td><td>差异不大</td><td>相当丁恒载的上部结构</td><td>单个下部结构与其支承的上部结构构成</td></tr>
</table>

续上表

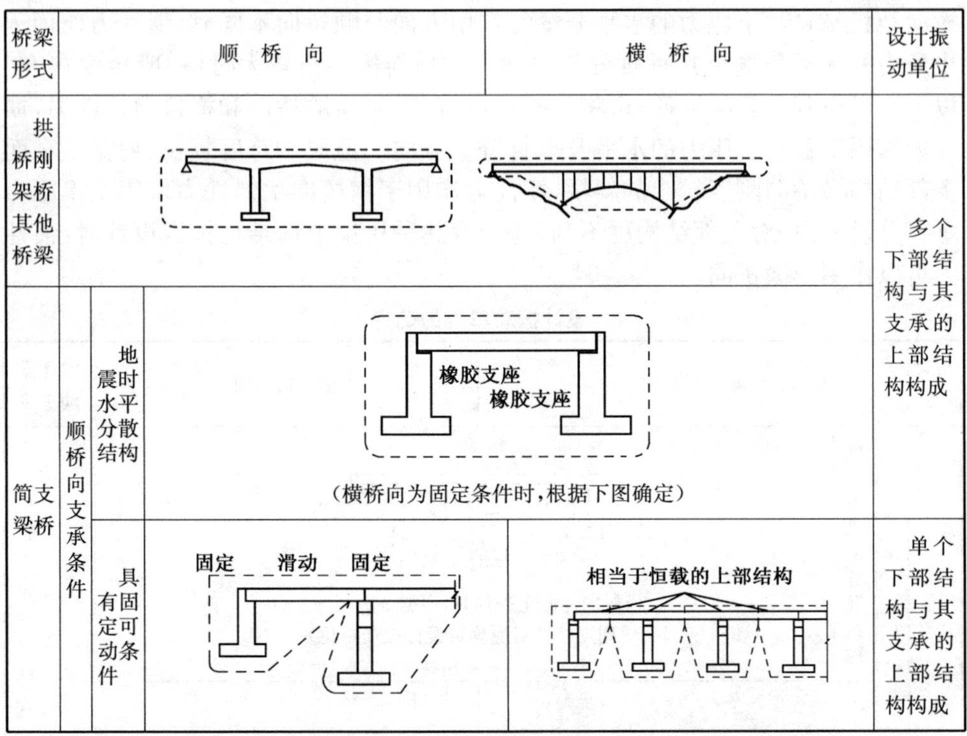

桥梁形式		顺桥向	横桥向	设计振动单位
拱桥刚架桥其他桥梁				多个下部结构与其支承的上部结构构成
简支梁桥 顺桥向支承条件	地震时水平分散结构	橡胶支座 橡胶支座 （横桥向为固定条件时，根据下图确定）		多个下部结构与其支承的上部结构构成
简支梁桥 顺桥向支承条件	具有固定可动条件	固定 滑动 固定	相当于恒载的上部结构	单个下部结构与其支承的上部结构构成

对于支座而言，由于竖向地震力的影响较大，因此，支座除了考虑水平两个方向的惯性力之外，还需考虑竖向惯性力的影响。

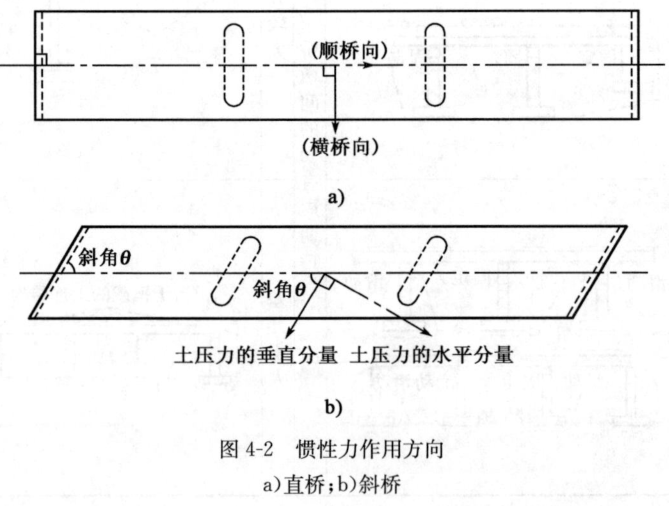

图 4-2　惯性力作用方向

a)直桥；b)斜桥

惯性力的作用位置，对于上部结构来说，其作用位置如图 4-3 所示，为上部结构的重心位置，但是在下部结构设计中，上部结构惯性力作用位置考虑到惯性力的传递机制及设计上的方便，惯性力作用位置可以根据图 4-4 予以考虑。一般情况下对于直桥的顺桥向，因为支座允许主梁转动，因此上部结构的惯性力作用位置取为如图 4-4a）所示的支座的重心位置，但在多数桥梁下部结构抗震设计中，因为支座高度的影响较小，故为便于设计，取支座底面作为惯性力作用位置；对于直桥的横桥向，上部结构的惯性力作用位置取为如图 4-4b）所示的上部结构重心位置 G，因此，直桥横桥向下部结构抗震设计中作用于下部结构顶端的作用力有水平力 H，竖向力 W 及弯矩 M，如图 4-5 所示。对于斜桥上部结构的惯性力作用位置在顺桥向和横桥向都为上部结构的重心位置。

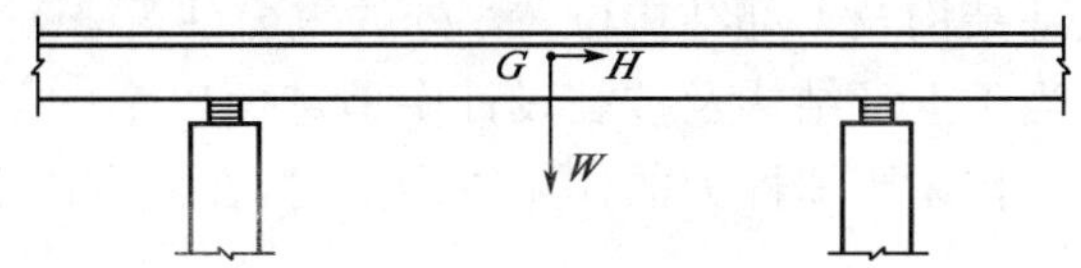

图 4-3　上部结构中的惯性力作用位置

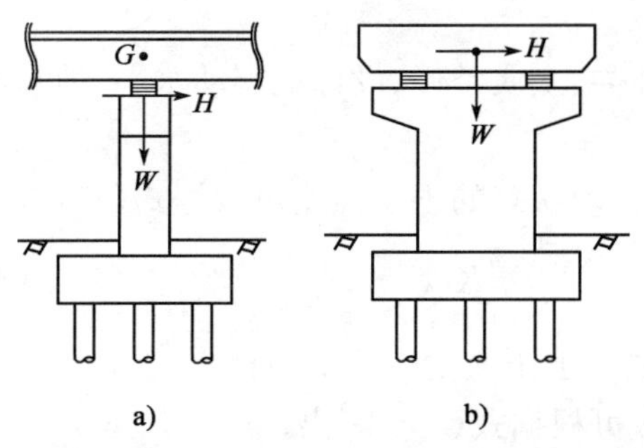

图 4-4　下部结构抗震设计上部结构惯性力作用位置
a）顺桥向；b）横桥向

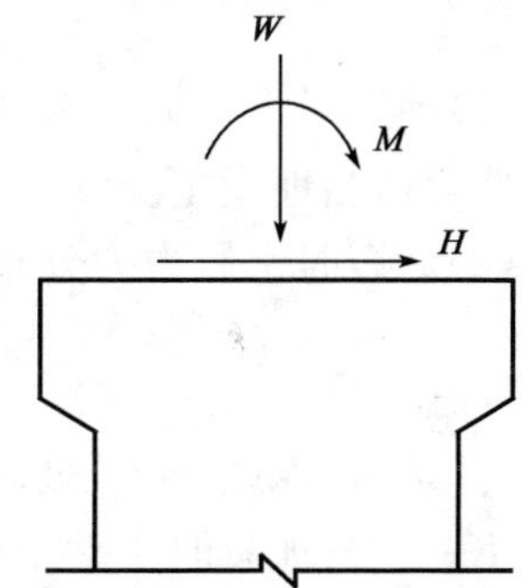

图 4-5　下部结构顶端的荷载（横桥向）

4.5.4　固有周期的计算

日本公路桥梁抗震规范中设计振动单位的固有周期可根据式（4-1）进行计算。

$$T = 2.01\sqrt{\delta} \tag{4-1}$$

式中：T——设计振动单位的固有周期（s）；

δ——惯性力作用位置处的变位（m）。

对于惯性力作用位置处的变位，当设计振动单位由单一下部结构及其支承的上部结构构成时，δ 为抗震设计地基面上的下部结构重力的80%和相当于下部结构支承的上部结构的全部重力作用于惯性力作用方向上时，惯性力作用位置处的变位。

当设计振动单位由多个下部结构和其支承的上部结构构成时，惯性力作用位置处的变位根据式(4-2)计算。

$$\delta = \frac{\int w(s)u(s)^2 \mathrm{d}s}{\int w(s)u(s)\mathrm{d}s} \tag{4-2}$$

式中：$w(s)$——上部结构及下部结构位置 s 处的重力(kN/m)；

$u(s)$——相当于上部结构及抗震设计中地基面以上的下部结构重力的水平力作用于惯性力的作用方向上时，在此方向上位置 s 处的变位(m)。

4.5.5 地震时土压力

(1)地震时土压力应考虑结构的种类、土质条件、设计地震动水平、地基的动力特性等适当地设定。

(2)地震时土压力为分布荷载，其主动状态的土压强度可根据式(4-3)算出。

$$p_{\mathrm{EA}} = \gamma x K_{\mathrm{EA}} + q' K_{\mathrm{EA}} \tag{4-3}$$

式中：p_{EA}——深度 x(m)处的地震时主动土压强度(kN/m²)；

K_{EA}——地震时主动土压力系数，可根据式(4-4)算出，

①背面是土和混凝土时

砾石和细沙石：$K_{\mathrm{EA}} = 0.21 + 0.90k_{\mathrm{h}}$

砂质土：$K_{\mathrm{EA}} = 0.24 + 1.08k_{\mathrm{h}}$

②背面是土和土时

砾石和细沙石：$K_{\mathrm{EA}} = 0.22 + 81k_{\mathrm{h}}$

砂质土：$K_{\mathrm{EA}} = 0.26 + 0.97k_{\mathrm{h}}$ (4-4)

k_{h}——计算地震时土压力的设计水平地震力系数；

γ——土的重度(kN/m³)；

q'——地震时的地表荷载(kN/m²)。

另外，q' 在地震时起作用，不包含活载。

4.5.6　地震时动水压力

(1)地震时动水压力应考虑水位、下部结构的形状尺寸、设计地震动的水平等适当地设定。

(2)水平1地震动作用时下部结构的地震时动水压力，可根据以下计算。动水压力的方向和上部结构的惯性力作用方向相一致。

①只存在单面水的壁状结构物的动水压力

只存在单面水的壁状结构物的动水压力的合力及作用位置，根据式(4-5)和式(4-6)计算，作用图式见图4-6。

$$P = \frac{7}{12} k_{\rm h} w_0 b h^2 \tag{4-5}$$

$$h_{\rm g} = \frac{2}{5} h \tag{4-6}$$

式中：P——结构上的动水压力的合力(kN)；

$k_{\rm h}$——式(3-5)中规定的水平1地震动的设计水平地震力系数；

w_0——水的重度(kN/m^3)；

h——水深(m)；

$h_{\rm g}$——地基面到动水压力合力作用点的距离(m)；

b——垂直于动水压力作用方向的墩(台)身宽度(m)。

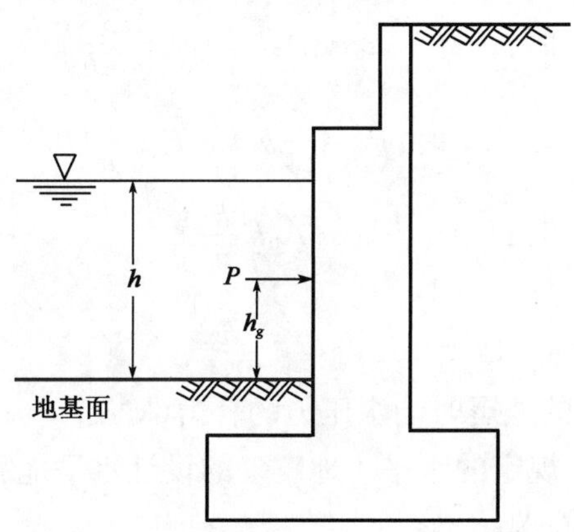

图4-6　作用于壁状结构的动水压力示意图

②周围完全被水包围的柱状结构上的动水压力

周围完全被水包围的柱状结构上的动水压力的合力及其作用位置，可根据式(4-7)计算，作用图式见图4-7。

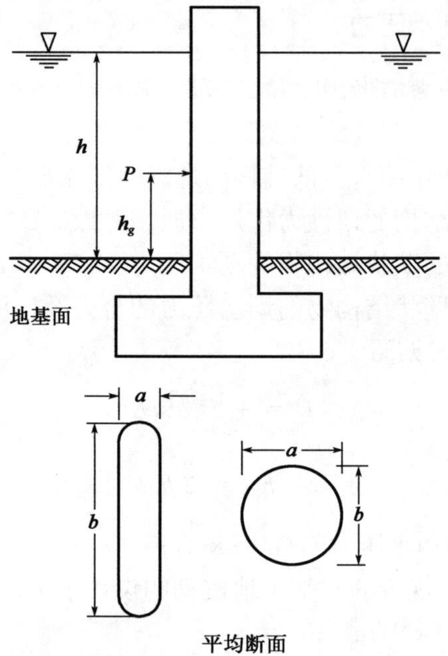

图 4-7　柱状结构上的地震时动水压示意图

$$
\left.\begin{aligned}
&\frac{b}{h} \leqslant 2.0 \text{时}: P = \frac{3}{4} k_{\mathrm{h}} w_0 A_0 h \frac{b}{a}\left(1 - \frac{b}{4h}\right) \\
&2.0 < \frac{b}{h} \leqslant 4.0 \text{时}: P = \frac{3}{4} k_{\mathrm{h}} w_0 A_0 h \frac{b}{a}\left(0.7 - \frac{b}{10h}\right) \\
&4.0 < \frac{b}{h} \text{时}: P = \frac{9}{40} k_{\mathrm{h}} w_0 A_0 h \frac{b}{a}
\end{aligned}\right\} \tag{4-7a}
$$

$$
h_{\mathrm{g}} = \frac{3}{7} h \tag{4-7b}
$$

式中：P——结构物上的地震时动水压力的合力(kN)；

k_{h}——式(3-5)中规定的水平 1 地震动的设计水平地震力系数；

w_0——水的重度(kN/m^3)；

h——水深(m)；

h_{g}——地基面到地震时动水压力合力作用点的距离(m)；

b——垂直于地震时动水压力作用方向上墩(台)身宽度(m)；

a——地震时动水压力的作用方向上墩(台)身宽度(m)；

A_0——结构的截面面积(m^2)。

4.5.7　地震时不稳定地基的影响

日本公路桥梁抗震规范在基础周边地基地震时不稳定的情况下，抗震设计中考虑了土层的液化及流化的影响进行抗震性能验算。这里，地震时不稳定的地基为抗震设计中极软弱的土层、液化或流动化的沙质土层。

1)抗震设计中极软弱土或液化的砂质土层的土质系数

抗震设计中判定为极软弱土的土层或判定为液化的砂质土层，应对抗震设计中的土质常数进行折减。

2)抗震设计中极软弱土土层的判定

距离现地基面3m以内的黏性土层或粉砂质土层，单轴压缩试验或现场试验确定的单轴压缩强度20kN/m^{2}以下的土层为抗震设计中极软弱土层。

3)砂质土层的液化判定

(1)应进行液化判定的砂质土层

冲击层的砂质土层都符合以下三个条件时，有可能产生液化，需要根据后续规定进行液化的判定。

①地下水位距现地基面10m以内，并且距现地基面20m以内存在饱和土层。

②细颗粒含量FC为35%以下的土层或FC超过了35%，但塑性指数I_p为15以下的土层。

③平均粒径D_{50}为10mm以下，并且10%粒径D_{10}为1mm以下的土层。

(2)液化的判定

根据(1)的规定进行液化判定的土层，液化的抵抗率F_L根据式(4-8)计算，其值在1.0以下的土层可视为液化土层。

$$F_L = R/L \tag{4-8}$$

$$R = c_W R_L \tag{4-9}$$

$$L = \gamma_d k_{hg} \sigma_v / \sigma'_v \tag{4-10}$$

$$\gamma_d = 1.0 - 0.015x \tag{4-11}$$

$$k_{hg} = c_z k_{hg0} \tag{4-12}$$

水平1地震动及水平2地震动的类型Ⅰ

$$c_W = 1.0 \tag{4-13}$$

水平2地震动的类型Ⅱ

$$c_W=\begin{cases}1.0 & (R_L\leqslant 0.1)\\ 3.3R_L+0.67 & (0.1<R_L\leqslant 0.4)\\ 2.0 & (0.4<R_L)\end{cases} \tag{4-14}$$

式中：F_L——液化抵抗率；

R——动力剪切强度比；

L——地震时剪切应力比；

c_W——地震动力特性的修正系数；

R_L——动三轴强度比，根据(3)的规定求解；

γ_d——地震时剪切应力比深度方向的降低系数；

k_{hg}——式(3-8)中规定的水平1地震动的地基面设计水平地震力系数；

σ_v——全部上载压(kN/m²)，$\sigma_v=\gamma_{t1}h_w+\gamma_{t2}(x-h_w)$；

σ_v'——有效上载压(kN/m²)，$\sigma_v'=\gamma_{t1}h_w+\gamma_{t2}'(x-h_w)$；

x——距地表面的深度(m)；

γ_{t1}——地下水位以上土的重度(kN/m³)；

γ_{t2}——地下水位以下的重度(kN/m³)；

γ_{t2}'——地下水位以下的有效重度(kN/m³)；

h_w——地下水位的深度(m)。

(3)动三轴强度比

动三轴强度比 R_L 根据式(4-15)计算。

$$R_L=\begin{cases}0.0882\sqrt{N_a/1.7} & (N_a<14)\\ 0.0882\sqrt{N_a/1.7}+1.6\times 10^6\cdot(N_a-14)^{4.5} & (14\leqslant N_a)\end{cases} \tag{4-15}$$

这里，砂质土时：

$$N_a=c_1N_1+c_2 \tag{4-16}$$

$$N_1=170N/(\sigma_v'+70) \tag{4-17}$$

$$c_1=\begin{cases}1 & (0\%\leqslant \mathrm{FC}<10\%)\\ (\mathrm{FC}+40)/50 & (10\%\leqslant \mathrm{FC}<60\%)\\ \mathrm{FC}/20-1 & (60\%\leqslant \mathrm{FC})\end{cases} \tag{4-18}$$

$$c_2=\begin{cases}0 & (0\leqslant \mathrm{FC}<10\%)\\ (\mathrm{FC}-10)/18 & (10\%\leqslant \mathrm{FC})\end{cases} \tag{4-19}$$

砾石时：

$$N_a=[1-0.36\lg(D_{50}/2)]N_1 \tag{4-20}$$

式中：R_L——动三轴强度比；

N——标准贯入试验所得 N 值；

N_1——有效上载压 100kN/m^2 换算得到的 N 值；

N_a——粒度影响的修正 N 值；

c_1、c_2——细颗粒含量的 N 值修正系数；

FC——细颗粒含量(%)(粒径 75μm 以下的土粒子的质量百分比)；

D_{50}——平均粒径(mm)。

极软弱土的土层，抗震设计中其土质常数为 0。液化的砂质土层根据液化的抵抗率 F_L 的值，对抗震设计中土质常数进行折减。液化时的土质常数为土层没有液化的土质常数乘以表 4-6 中的系数 D_E，$D_E=0$ 时的土层，抗震设计中的土质常数为 0。当土质常数为 0 或折减的土层质量，对于其以下的地基作为加载重力起作用。

土质常数的折减系数　　表 4-6

F_L 的范围	距现地基面的深度 x(m)	动力剪切强度比 R	
		$R\leqslant0.3$	$0.3<R$
$F_L\leqslant\frac{1}{3}$	$0\leqslant x\leqslant10$	0	1/6
	$10<x\leqslant20$	1/3	1/3
$\frac{1}{3}<F_L\leqslant\frac{2}{3}$	$0\leqslant x\leqslant10$	1/3	2/3
	$10<x\leqslant20$	2/3	2/3
$\frac{2}{3}<F_L\leqslant1$	$0\leqslant x\leqslant10$	2/3	1
	$10<x\leqslant20$	1	1

4.5.8　含有流动化地基时桥梁抗震性能的验算

1)对桥梁产生影响的流动化地基

符合下述两个条件的地基为对桥梁产生影响的流动化地基。

(1)在沿海区域，护岸填土与水底高差 5cm 形成的 100m 范围的地基。

(2)判定为液化的层厚 5m 以上的砂质土层，并且该土层从水际线开始水平方向连续存在的地基。

2)流动化的桥梁的抗震性能验算方法

考虑流动化的桥墩基础的验算时，流动力作用于桥墩基础，基础顶部的水平变位不超过基础屈服时的水平变位的 2 倍，可以不用同时考虑流动力和惯性力。

考虑流动化的影响时，作用于桥墩基础的流动力，根据以下计算。

处于流动化影响范围内的非液化层及液化层中的结构构件，受根据式(4-21)及式(4-22)计算出的单位面积的流动力的作用。这时,不考虑流动化影响范围内土层的水平抵抗力。

$$q_{NL}=c_{s}c_{NL}K_{P}\gamma_{NL}x \qquad (0\leqslant x\leqslant H_{NL}) \tag{4-21}$$

$$q_{L}=c_{s}c_{L}[\gamma_{NL}H_{NL}+\gamma_{L}(x-H_{NL})] \qquad (H_{NL}<x\leqslant H_{NL}+H_{L}) \tag{4-22}$$

式中:q_{NL}——作用于非流动化层中的结构构件,深度 x(m)位置处的单位面积的流动力(kN/m^2);

q_{L}——作用于流动化层中的结构构件,深度 x(m)位置处的单位面积的流动力(kN/m^2);

c_{s}——距水际线的距离修正系数,见表 4-7;

c_{NL}——非液化层中的流动力修正系数,根据液化指数 P_{L}(m^2),取表 4-8 中的值,

$$P_{L}=\int_{0}^{20}(1-F_{L})(10-0.5x)\mathrm{d}x \tag{4-23}$$

c_{L}——液化层中的流动力修正系数(取 0.3);

K_{P}——被动土压力系数(常时);

γ_{NL}——非液化层的平均重度(kN/m^3);

γ_{L}——液化层的平均重度(kN/m^3);

x——距地表面的深度(m);

H_{NL}——非液化层厚度(m);

H_{L}——液化层厚度(m);

F_{L}——液化的抵抗率,$F_{L}\geqslant 1$ 时,取 $F_{L}=1$。

距水际线的距离修正系数 表 4-7

距水际线的距离 s(m)	修 正 系 数 c_{s}
$s\leqslant 50$	1.0
$50<s\leqslant 100$	0.5
$100<s$	0

非液化层中的流动力修正系数 表 4-8

液化指数 P_{L}(m^2)	修 正 系 数 c_{NL}
$P_{L}\leqslant 5$	0
$5<P_{L}\leqslant 20$	$(0.2P_{L}-1)/3$
$20<P_{L}$	1

4.6　抗震设计用动力分析计算方法

4.6.1　反应谱法

《08 细则》中的反应谱法分为单振型反应谱法和多振型反应谱法，单振型反应谱法用于规则桥梁计算。当规则桥梁可简化为单墩模式时，单振型反应谱法可取单墩进行计算。

多振型反应谱法用于非规则桥梁的计算，也可用于规则桥梁的计算，但采用多振型反应谱法计算时，所考虑的振型阶数在计算方向应获得 90%以上的有效质量。多振型反应谱法的振型组合方法有两种，分别为 SRSS 法和 CQC 法。

对于单一方向的地震作用效应，一般可采用 SRSS 法，根据式(4-24)确定。

$$F=\sqrt{\sum S_i^2} \tag{4-24}$$

式中：F——结构的地震作用效应；

S_i——结构第 i 阶振型地震作用效应。

如果结构相邻两阶振型的自振周期 T_i 和 T_j 之比满足式(4-25)时，地震作用效应采用 CQC 法，CQC 法根据式(4-26)计算。

$$\rho_{\mathrm{T}}=\frac{T_i}{T_j}\geqslant\frac{0.1}{0.1+\xi} \tag{4-25}$$

$$F=\sqrt{\sum\sum S_i r_{ij} S_j} \tag{4-26}$$

$$r_{ij}=\frac{8\xi(1+\rho_{\mathrm{T}})\rho_{\mathrm{T}}^{3/2}}{(1+\rho_{\mathrm{T}}^2)^2+4\xi^2\rho_{\mathrm{T}}(1+\rho_{\mathrm{T}})^2} \tag{4-27}$$

式中：ξ——阻尼比；

ρ_{T}——周期比；

r_{ij}——相关系数。

相对于《08 细则》对于反应谱法的规定，日本公路桥梁抗震规范中反应谱方法的相关规定相对较少。

4.6.2　动态时程分析法

《08 细则》和日本公路桥梁抗震规范中的分析方法均分为线性时程法和非线性时程法。日本公路桥梁抗震规范中非线性时程分析方法根据非线性力学模型的不同，分为使用非线性滞回模型的时程分析方法、使用等效线性化法的时程分析方法、推倒分析和时程分析方法的组合分析方法等。

1)使用非线性滞回模型的时程分析法

提出各种构件的非线性滞回模型，根据结构特性和分析目的选择合适的非线性滞回模型，但是并不是利用非线性模型把桥梁整体模型化，首先根据线性分析认清处于非线性域的构件，根据非线性滞回特性只对该构件进行符合分析目的的模型化，然后通过时程分析方法计算桥梁的响应。

2)使用等效线性化方法的时程分析法

把进入非线性的构件通过等效线性化方法转换为线性构件，然后通过时程分析方法计算桥梁响应的方法。所谓的等效线性方法就是把非线性构件转化为具有等效刚度和等效阻尼比的线性构件的方法，如图 4-8 所示。

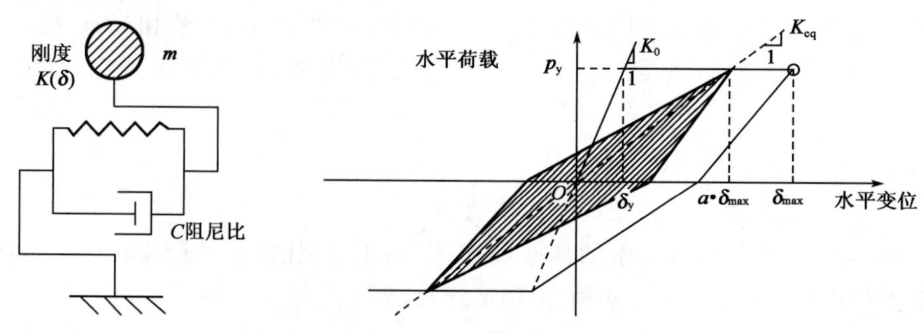

图 4-8 等效线性化模型

在非线性响应中将初始刚度变化为等效刚度，把水平力—水平变位曲线产生的滞回阻尼效果表示为等效阻尼比，把非线性最大响应变位由等效线性振动体系的线性响应变位近似。等效刚度和等效阻尼比作为计算有效变位的值，其与响应塑性率的关系如图 4-9 所示。等效线性化方法首先假定非线性振动体系产生的非线性响应变位，然后根据与其有效变位相当的响应塑性率求出等效刚度和等效阻尼比，组成等效振动体系，再对这个等效振动体系利用时程反应分析进行反复计算，使计算出的线性响应变位等于假定的非线性响应变位。

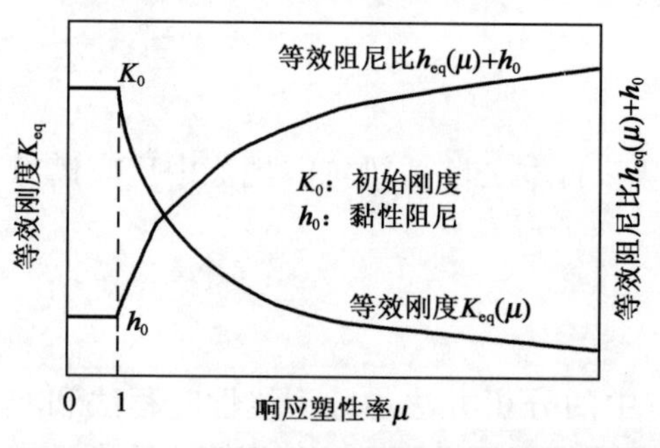

图 4-9 响应塑性率和等效刚度、等效阻尼比的关系

3)推倒分析与时程分析的组合分析法

通过推倒分析求出多自由度体系的桥梁整体的荷载和变形的关系，然后将此多自由体系转化为与其荷载和变形关系相一致的具有非线性滞回特性的单自由度体系，再通过时程分析法计算地震响应的方法。因为此方法需要转化为单自由度体系，因此此方法只适用于对桥梁地震响应起主要影响的模态为1阶卓越振动模态。

《08细则》规定时程分析的最终结果，当采用3组时程波计算时，应取3组计算结果的最大值，当采用7组时程波计算时，应取7组计算结果的平均值。日本公路桥梁抗震规范中对于抗震性能1的验算输入1条地震波，抗震性能2和抗震性能3的验算须输入三组地震波，计算结果取三组计算结果的平均值。

4.6.3　结构振动阻尼

阻尼是影响结构地震响应的重要因素，日本公路桥梁抗震规范对于直接积分法中使用最多的阻尼矩阵为Rayleigh型阻尼矩阵，Rayleigh型阻尼矩阵按式(4-28)和式(4-29)计算。

$$\boldsymbol{C}_{\mathrm{R}} = \alpha\boldsymbol{M} + \beta\boldsymbol{K} \tag{4-28}$$

$$\begin{bmatrix}\alpha \\ \beta\end{bmatrix} = \frac{2\omega_i\omega_j}{\omega_j^2 + \omega_i^2}\begin{bmatrix}\omega_j & -\omega_i \\ -1/\omega_j & -1/\omega_i\end{bmatrix}\begin{bmatrix}h_i \\ h_j\end{bmatrix} \tag{4-29}$$

式中：α、β——Rayleigh阻尼系数；

$\boldsymbol{M}$、$\boldsymbol{K}$——结构的质量和刚度矩阵；

ω_i、ω_j——结构振动的第i阶和第j阶卓越圆频率；

h_i、h_j——第i阶和第j阶模态阻尼比，自振周期$T_i = 2\pi/\omega_i$时的阻尼比h_i及自振周期$T_i = 2\pi/\omega_j$时的阻尼比h_j根据式(4-30)计算。

$$h_i = \frac{\alpha}{2\omega_i} + \frac{\beta\omega_i}{2}, h_j = \frac{\alpha}{2\omega_j} + \frac{\beta\omega_j}{2} \tag{4-30}$$

《08细则》中在非规则桥梁的时程反应分析时也采用Rayleigh阻尼建立阻尼矩阵，与日本公路桥梁抗震规范中不同的是阻尼系数的计算。将式(4-29)变形可得下式。

$$\begin{cases}\alpha = \dfrac{2(h_j\omega_i - h_i\omega_j)\omega_i\omega_j}{\omega_i^2 - \omega_j^2} \\ \beta = \dfrac{2(h_i\omega_i - h_j\omega_j)\omega_i\omega_j}{\omega_i^2 - \omega_j^2}\end{cases} \tag{4-31}$$

取 $h_i=h_j=\xi$，代入式(4-31)可得：

$$\begin{cases}\alpha = \dfrac{2\xi\omega_i\omega_j}{\omega_i+\omega_j} \\ \beta = \dfrac{2\xi}{\omega_i+\omega_j}\end{cases} \tag{4-32}$$

将式(4-32)等价变换后可得：

$$\begin{bmatrix}\alpha \\ \beta\end{bmatrix} = \frac{2\xi}{\omega_i+\omega_j}\begin{bmatrix}\omega_i\omega_j \\ 1\end{bmatrix} \tag{4-33}$$

式(4-32)即为《08 细则》中 Rayleigh 型阻尼矩阵的阻尼系数的计算公式。但式中的符号意义与日本公路桥梁抗震规范不同,《08 细则》中式(4-33)中符号所代表的意义为：

ξ——结构阻尼比，对于混凝土桥梁 $\xi=0.05$；

ω_i、ω_j——结构振动的第 i 阶和第 j 阶圆频率，一般 ω_i 可取结构的基频，ω_j 取后几阶对结构振动贡献大的模态的频率。

第 5 章　延性抗震设计

材料、构件或结构的延性，一般定义为在结构的初始强度没有明显减小的情况下的非弹性变形的能力[19-21]。延性包括两个方面的能力：

(1)承受较大非弹性变形的能力，同时强度并没有明显下降；

(2)通过滞回特性来吸收能量的能力。

5.1　延性抗震设计比较

5.1.1　延性系数

日本公路桥梁抗震规范中给定的地震力折减系数即为延性系数，根据式(5-1)计算。

$$R=\sqrt{2\mu_{\alpha}-1} \tag{5-1}$$

式中：μ_{α}——具有完全恢复力特性的结构体系的容许塑性率。

当钢筋混凝土桥墩产生弯曲破坏时，μ_{α} 根据式(5-2)计算，产生弯曲破坏到剪切破坏的过渡性破坏及剪切破坏时，容许塑性率取 1.0。

$$\mu_{\alpha}=\begin{cases}1+\dfrac{\delta_u-\delta_y}{\alpha\delta_y} & \text{(弯曲破坏)}\\ 1 & \text{(弯曲到剪切的过渡破坏、剪切破坏)}\end{cases} \tag{5-2}$$

式中：δ_u——钢筋混凝土桥墩的极限变位(mm)；

δ_y——钢筋混凝土桥墩的屈服变位(mm)；

α——安全系数，根据表 5-1 取值。

安全系数 α　　表 5-1

抗震性能	类型 Ⅰ	类型 Ⅱ
抗震性能 2	3.0	1.5
抗震性能 3	2.4	1.2

钢筋混凝土桥墩的容许塑性率是根据钢筋混凝土桥墩的破坏形态确定的，钢筋混凝土桥墩的破坏形态根据式(5-3)判断。

$$\left.\begin{array}{ll} P_u \leqslant P_s: & \text{弯曲破坏} \\ P_s < P_u < P_{s0}: & \text{弯曲破坏到剪切破坏的过渡型破坏} \\ P_{s0} < P_u: & \text{剪切破坏} \end{array}\right\} \quad (5\text{-}3)$$

式中：P_u——钢筋混凝土桥墩的极限水平抗力(N)；

P_s——钢筋混凝土桥墩的剪切抗力(N)；

P_{s0}——正负交替反复作用的影响修正系数为1.0时钢筋混凝土桥墩的剪切抗力(N)。

《08细则》中取消了综合影响系数C_z，但对结构的抗震重要性系数C_i的取值进行了相应的调整，桥梁的弹塑性影响系数反映在重要性系数C_i中。并且，在最大容许转角中考虑了$K=2.0$的安全系数。

5.1.2 塑性区域的选择

为防御地震反复荷载作用的影响，桥梁的塑性变形能力是必不可少的。《08细则》中规定了塑性铰产生的位置，沿顺桥向，连续梁桥、简支梁桥墩柱的底部区域，连续刚构桥墩柱的顶部区域为塑性铰产生区域；沿横桥向，单柱墩的底部区域、双柱墩或多柱墩的端部区域为塑性铰区域。典型墩柱塑性铰区域如图5-1所示。

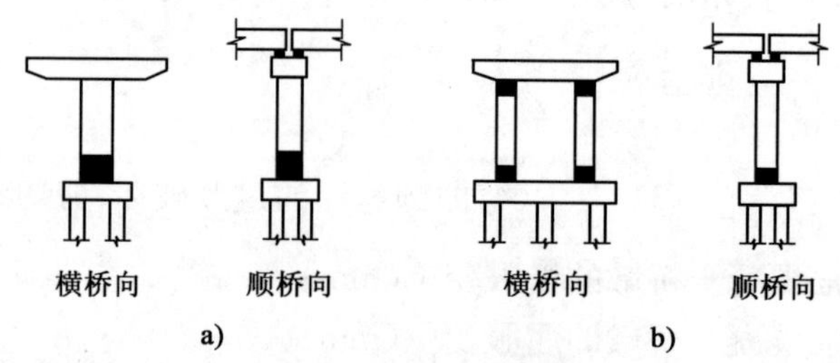

图5-1 墩柱塑性铰区域

a)单柱墩；b)双柱墩

日本公路桥梁抗震规范中规定了产生塑性的位置，对于一般桥梁而言，通过塑性变形能够确保能量吸收、容易发现损伤并容易修复的构件为桥墩，因此，多数桥梁考虑桥墩为主塑性区域，基础为次塑性区域，如图5-2所示。

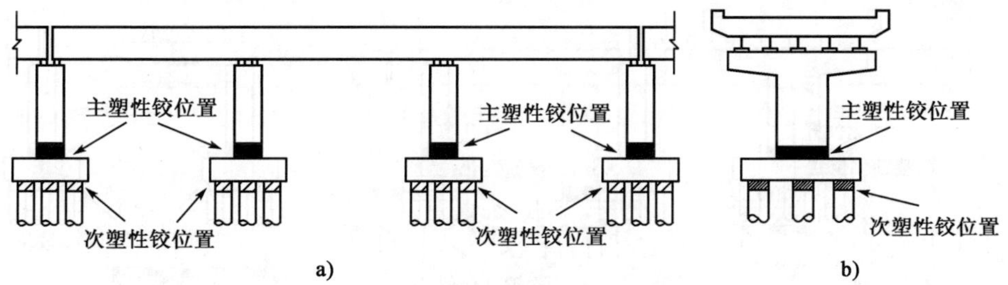

图 5-2 单柱桥墩的塑性化

a)顺桥向；b)横桥向

对于上部结构，从抗震设计的使用性上来说，不希望其产生塑性变形，但对于刚构桥，由于跨径较长以及地震对上部结构的影响较大，若要使其上部结构在地震时不产生塑性变形，上部结构的设计会很不经济。另外，对于预应力混凝土连续刚构桥，为了使其上部结构不产生塑性，需在上部结构中增加加强钢筋，这样反而会增加预应力的损失。因此，此时可以将桥墩作为主塑性化区域，上部结构作为次塑性化区域，如图 5-3 所示。

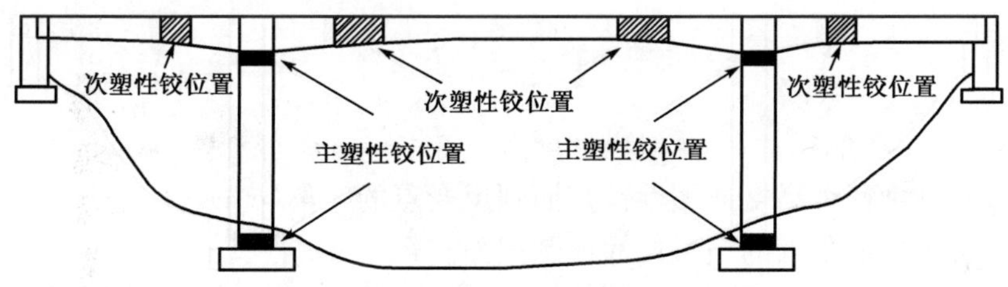

图 5-3 刚构桥顺桥向时的塑性化区域

减隔震支座具有非线性滞回特性，支座本身能够通过变形吸收能量。因此使用减隔震支座时，将减隔震支座作为主塑性化构件，桥墩、基础作为次塑性化构件，如图 5-4 所示。

基础也可以作为塑性构件，但基础的损伤很难被发现，并且基础也不容易修复，因此，基础一般不考虑主塑性化，而是考虑次塑性化，但是当桥墩对设计地震力来说具有很大的抗力，或者不期望出现由于液化引起的地基水平反力时，确保基础不屈服是不合理的，此时可以考虑基础的塑性化。考虑基础塑性如图 5-5 所示。

对于拱桥的拱肋和斜拉桥的主塔，对桥梁整体的反应和稳定性起关键作用的构件和受较大轴力作用、地震时轴力发生变化的构件，因为不能充分地把握其动力特性，所以在考虑塑性时，应进行充分的研究，恰当地设定其塑性的程度。

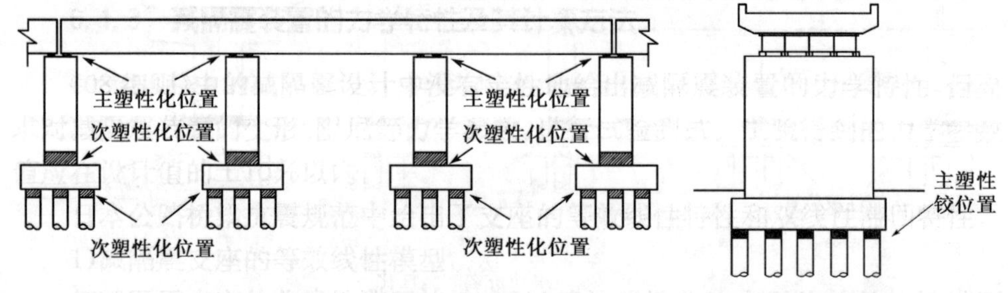

图 5-4　减隔震桥梁顺桥向时的塑性化区域　　图 5-5　基础的塑性区域

5.1.3　塑性铰长度、影响区间及极限转角

1)塑性铰长度

《08 细则》中塑性长度 L_p 取式(5-4)和式(5-5)计算的较小值。

$$L_{p}=0.08H+0.022f_{y}d_{s}\geqslant 0.044f_{y}d_{s} \tag{5-4}$$

$$L_{p}=\frac{2}{3}B \tag{5-5}$$

式中：H——悬臂墩高度或塑性铰截面到反弯点的距离(cm)；

B——矩形断面的短边尺寸或圆截面直径(cm)；

f_y——纵筋抗拉强度标准值(MPa)；

d_s——纵筋直径(cm)。

日本公路桥梁抗震规范的塑性铰的长度根据式(5-6)计算。

$$L_{p}=0.5h-0.1D\quad(0.1D\leqslant L_{p}\leqslant 0.5D) \tag{5-6}$$

式中：D——截面宽度(mm)，圆形截面时取直径，矩形截面时取分析方向上的截面尺寸；

h——桥墩底部到上部结构惯性力作用位置处的距离(mm)。

塑性铰长度 L_p 与桥墩高度 h 与计算方向截面宽度 D 之比 h/D 的关系如图 5-6所示。

2)塑性铰影响区域长度

《08 细则》和日本公路桥梁抗震规范中塑性铰影响区间如表 5-2 所示。

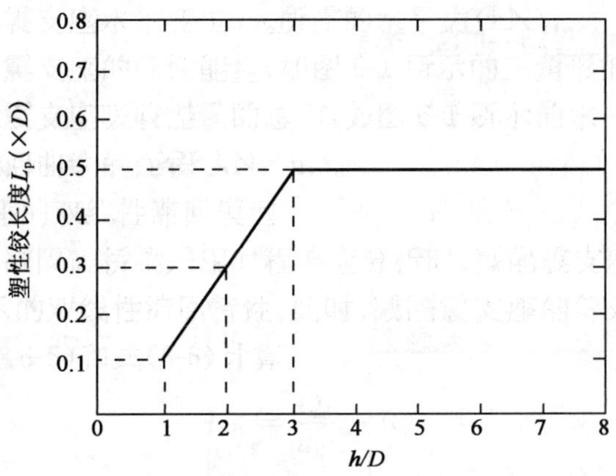

图 5-6　塑性铰长度的计算方法

塑性铰影响区间长度　　表 5-2

	《08 细则》	日本公路桥梁抗震规范
塑性铰影响区间长度	(1)不小于墩柱弯曲方向截面宽度的 1.0 倍或墩柱上弯矩超过最大弯矩 80%的范围; (2)当墩柱的高度与横截面高度之比小于 2.5 时,塑性铰影响区长度为墩柱全高	塑性铰影响区间为 4 倍的塑性铰长度区间,如下图所示 4倍塑性铰长度区间 塑性铰长度

3)极限转角

《08 细则》中规定的塑性铰区的最大容许转角 θ_u 根据式(5-7)计算。

$$\theta_u = L_p(\phi_u - \phi_y)/K \tag{5-7}$$

式中:ϕ_y——截面的等效屈服曲率(1/m);

ϕ_u——极限曲率(1/m);

K——延性安全系数,取 2.0;

L_p——塑性铰长度。

日本公路桥梁抗震规范中塑性铰的极限转角 ϕ_{pu} 根据式(5-8)计算。

$$\phi_{pu} = \left(\frac{\phi_u}{\phi_y} - 1\right) L_p \phi_y \tag{5-8}$$

式中,ϕ_y、ϕ_u、L_p 意义同式(5-7)。

5.1.4 弹塑性弯矩—曲率曲线

钢筋混凝土延性构件的塑性弯曲能力可以根据材料的特性，通过截面的弯矩—曲率($M—\phi$)分析得到。《08 细则》和日本公路桥梁抗震规范中的弹塑性弯矩—曲率($M—\phi$)关系曲线如图 5-7 所示。

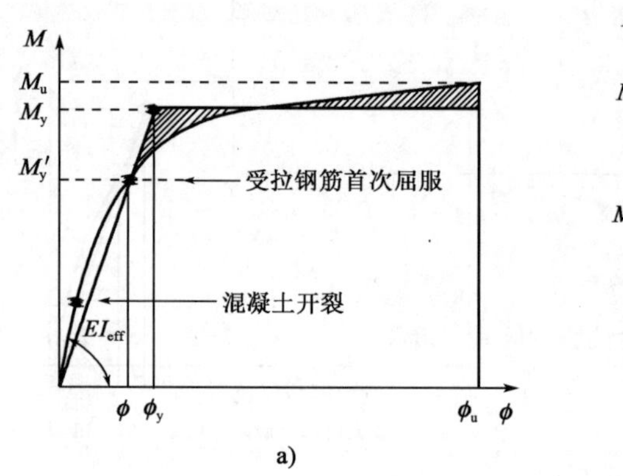

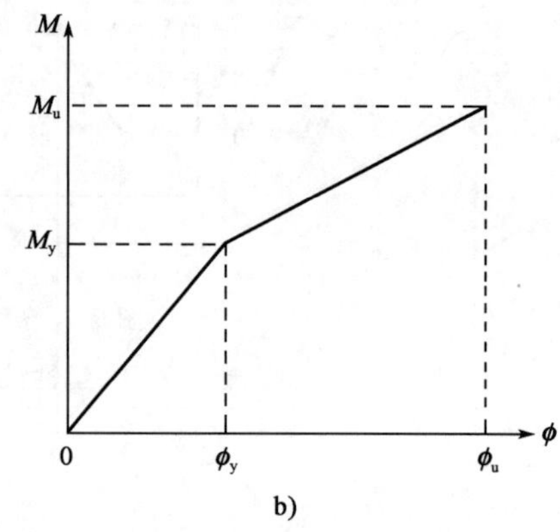

图 5-7　弹塑性弯矩—曲率曲线

a)《08 细则》；b)日本公路桥梁抗震规范

1)计算方法

《08 细则》和日本公路桥梁抗震规范 $M—\phi$ 关系曲线的计算方法基本相同。$M—\phi$ 关系曲线的计算方法如下：

(1)把桥墩截面分割成微小的单元。

(2)根据以下假定求出平衡混凝土的压应力的合力和钢筋的拉力的合力的中性轴：

①应变与距中性轴的距离成比例。

②忽略混凝土的拉伸强度。

(3)求出中性轴后，弯矩为混凝土的压应力及钢筋的拉力的合力乘以到中性轴的距离，曲率为混凝土的压应变除以到中性轴的距离。

2)材料的本构关系

(1)钢筋的应力—应变曲线

《08 细则》中没有具体地给出钢筋的应力—应变曲线，而日本公路桥梁抗震规范给出了钢筋的应力—应变关系曲线，如图 5-8 所示。

(2)混凝土的应力—应变曲线

《08 细则》中采用的是美国 Mander 等人提出的约束混凝土的应力—应变关

系[22]。关系曲线根据式(5-9)计算，如图 5-9 所示。

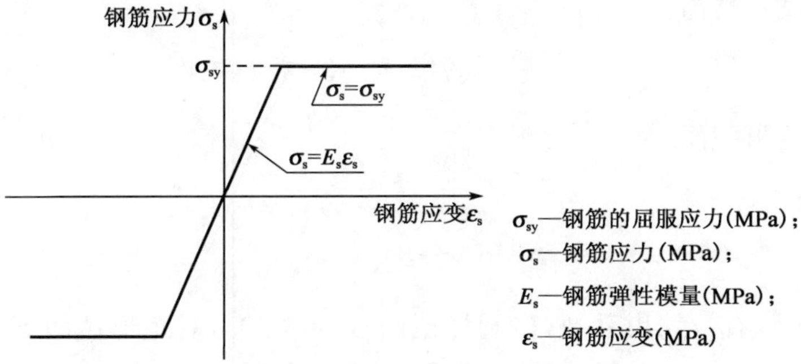

图 5-8　钢筋的应力—应变曲线

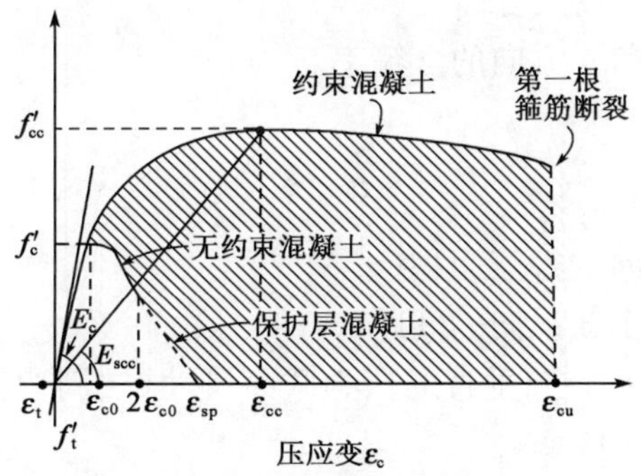

图 5-9　约束混凝土应力—应变关系

$$f_c=\frac{f'_{cc}xr}{r-1+x^r} \tag{5-9}$$

式中：x——参数，$x=\varepsilon_c/\varepsilon_{cc}$；

ε_c——约束混凝土应变；

ε_{cc}——峰值应力所对应的应变，

$$\varepsilon_{cc}=\varepsilon_{c0}\left(1+5\frac{f'_{cc}}{f_{c0}}-1\right) \tag{5-10}$$

f_{c0}、ε_{c0}——无约束混凝土峰值应力及其对应应变；

r——参数，$r=E_c/E_{cc}-E_{sec}$；

E_c　混凝土初始弹性模量；

E_{cc}——约束混凝土抗压强度所对应的割线弹性模量；

f'_{cc}——约束混凝土峰值应力(MPa)，

$$f'_{cc}=f'_c\left(-1.254+2.254\sqrt{1+\frac{7.94f'_1}{f'_c}}-\frac{2f'_1}{f'_c}\right) \tag{5-11}$$

f'_1——有效约束应力(MPa)。

对于圆形截面：

$$f'_1 = K_e f_1 \tag{5-12}$$

对于矩形截面：

$$f'_{1x} = K_e \rho_x f_{yh} \tag{5-13}$$

$$f'_{1y} = K_e \rho_y f_{yh} \tag{5-14}$$

式中：K_e——有效约束系数，对圆柱截面，$K_e = 0.95$，对矩形截面 $K_e = 0.75$，对矩形薄壁截面，$K_e = 0.60$；

f_{yh}——箍筋的屈服强度；

ρ_x、ρ_y——分别 x 和 y 方向的含箍率。

$$\rho_x = \frac{A_{sh}}{s_k b_h}, \rho_y = \frac{A_{sh}}{s_k a_h} \tag{5-15}$$

式中：A_{sh}——计算方向的箍筋面积(m^2)；

s_k——箍筋沿主筋纵向的间距(m)；

b_h、a_h——与 x 和 y 方向垂直的核心截面尺寸(按周边箍筋中心线所在位置计算)(m)。

对于约束混凝土的极限压应变根据式(5-16)计算。

$$\varepsilon_{cu} = 0.004 + \frac{1.4 \rho_s f_{yh} \varepsilon_{sm}^R}{f'_{cc}} \tag{5-16}$$

式中：ρ_s——约束箍筋的体积含箍率，对于矩形箍筋：

$$\rho_s = \rho_x + \rho_y \tag{5-17}$$

f_{yh}——箍筋的屈服强度(MPa)；

ε_{sm}^R——约束钢筋的折减极限应变。

日本公路桥梁抗震规范中混凝土的应力—应变曲线根据式(5-18)计算，如图 5-10所示。

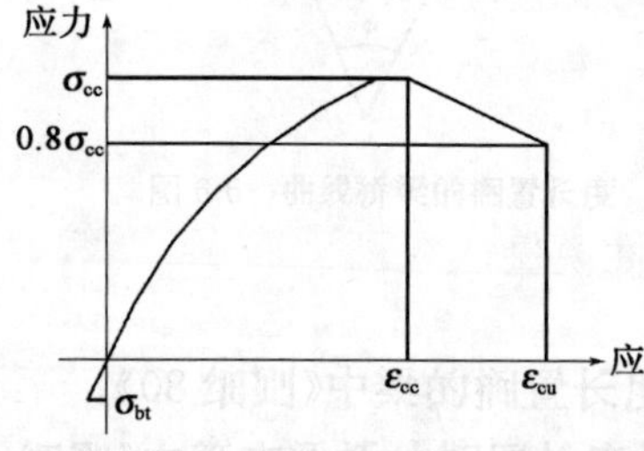

图 5-10　混凝土的应力—应变曲线

$$\sigma_c = \begin{cases} E_c \varepsilon_c \left[1 - \dfrac{1}{n}\left(\dfrac{\varepsilon_c}{\varepsilon_{cc}}\right)^{n-1}\right] & (0 \leqslant \varepsilon_c \leqslant \varepsilon_{cc}) \\ \varepsilon_{cc} - E_{des}(\varepsilon_c - \varepsilon_{cc}) & (\varepsilon_{cc} < \varepsilon_c \leqslant \varepsilon_{cu}) \end{cases} \tag{5-18}$$

式中：σ_c——混凝土应力(N/mm^2)；

n——系数，

$$n=\frac{E_c\varepsilon_{cc}}{E_c\varepsilon_{cc}-\sigma_{cc}} \tag{5-19}$$

ε_{cc}——混凝土达到最大压缩应力时的应变，

$$\varepsilon_{cc}=0.002+0.033\beta\frac{\rho_s\sigma_{sy}}{\sigma_{ck}} \tag{5-20}$$

σ_{cc}——箍筋约束的混凝土强度(N/mm^2)，

$$\sigma_{cc}=\sigma_{ck}+3.8\alpha\rho_s\sigma_{sy} \tag{5-21}$$

σ_{ck}——混凝土的设计基准强度(N/mm^2)；

ε_c——混凝土的应变；

E_{des}——下降段弹性模量(N/mm)，

$$E_{des}=11.2\frac{\sigma_{ck}^2}{\rho_s\sigma_{sy}} \tag{5-22}$$

ε_{cu}——箍筋约束的混凝土的极限应变，

$$\varepsilon_{cu}=\begin{cases}\varepsilon_{cc} & \text{（类型 I 地震动）}\\ \varepsilon_{cc}+\dfrac{0.2\sigma_{cc}}{E_{des}} & \text{（类型 II 地震动）}\end{cases} \tag{5-23}$$

E_c——混凝土的弹性模量(N/mm^2)；

ρ_s——体积配箍率，

$$\rho_s=\frac{4A_h}{sd}\leqslant 0.018 \tag{5-24}$$

A_h——单根箍筋的截面面积(mm^2)；

s——箍筋间距(mm)；

d——箍筋的有效长度(mm)，对圆形截面，有效长度为箍筋约束的内部混凝土直径，对矩形截面、矩形空心截面、椭圆形截面，为平行设计方向上配置的箍筋和中间箍筋间距的最大值；

σ_{sy}——箍筋的屈服强度(N/mm^2)；

α、β——截面修正系数。圆形截面时 $\alpha=1.0$，$\beta=1.0$，矩形截面、空心圆形截面及空心矩形截面时 $\alpha=0.2$，$\beta=0.4$。

5.1.5 钢筋混凝土构件恢复力模型

日本公路桥梁抗震规范中给出了钢筋混凝土构件截面的具有代表性的恢复

力模型，即 Takeda(武田)模型，其曲线特性如图 5-11 所示。此滞回曲线是根据弯矩—曲率曲线和卸载时刚度 K_r 确定的。图中的刚度根据式(5-25)和式(5-26)确定。

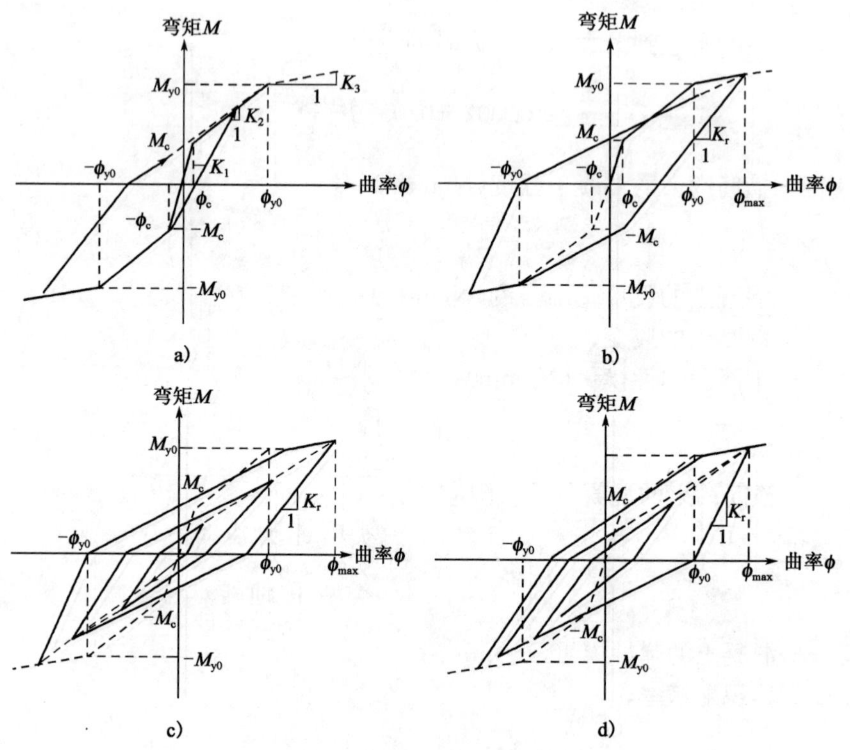

图 5-11　钢筋混凝土截面的恢复力模型

a)开裂后卸载再加载滞回；b)屈服后卸载再加载滞回；

c)最大响应发生后中小振幅滞回(1)；d)最大响应发生后中小振幅滞回(2)

$$K_1 = \frac{M_c}{\phi_c}, K_2 = \frac{M_{y0} - M_c}{\phi_{y0} - \phi_c} = \gamma_2 \cdot K_1 \tag{5-25}$$

$$K_3 = \frac{M_u - M_{y0}}{\phi_u - \phi_{y0}} = \gamma_3 \cdot K_1, K_r = \frac{M_c + M_{y0}}{\phi_c + \phi_{y0}} \cdot \left| \frac{\phi_{max}}{\phi_{y0}} \right|^{-\alpha} \tag{5-26}$$

式中：K_1、K_2、K_3、K_r——分别表示一次、二次、三次刚度及卸载时刚度；

M_{y0}、ϕ_{y0}——初始屈服弯矩及初始屈服曲率；

M_u、ϕ_u——极限弯矩及极限曲率；

γ_2、γ_3——二次、三次刚度与一次刚度的比值；

ϕ_{max}——从地震开始到 t 时刻产生的最大响应曲率；

α——卸载时刚度降低指数。

Takeda 模型适用的桥梁主要为事先不能确定塑性铰区域的高桥墩以及桥墩高度较高的刚构桥、钢筋混凝土拱桥及钢筋混凝土主塔等。而对于钢筋混凝土塑性铰区的恢复力模型如图 5-12 所示。此模型是根据弯矩—转角关系曲线和卸载时刚度 K_r 确定。弯矩—转角关系如图 5-13 所示。卸载时刚度 K_r 根据式(5-27)确定。

$$K_r = K_1 \left| \frac{\theta_{max}}{\theta_y} \right|^{-\alpha} \tag{5-27}$$

式中：θ_y——塑性铰区非线性转动弹簧的屈服转角；

θ_{max}——塑性铰区非线性转动弹簧的最大转角。

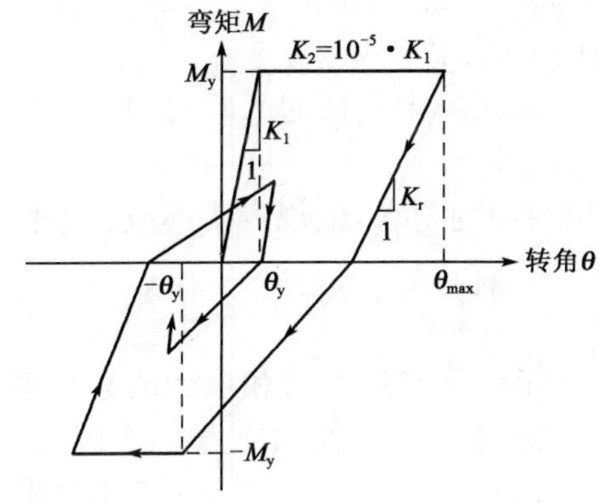

图 5-12　钢筋混凝土桥墩塑性铰区恢复力模型

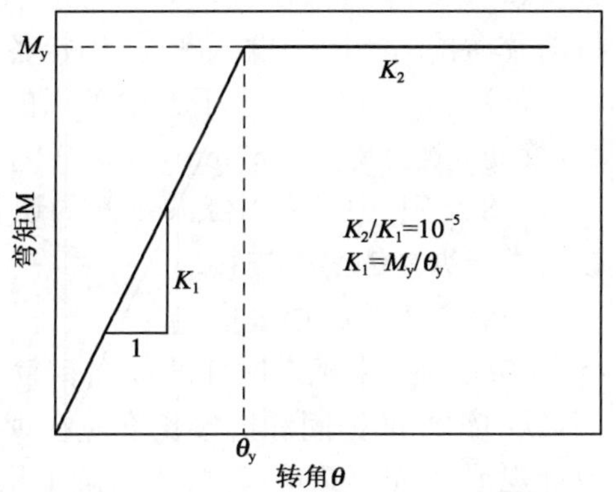

图 5-13　塑性铰区的弯矩—转角关系

5.2　延性构造细节设计

5.2.1　纵向钢筋的配置

1)纵向钢筋的截断

日本公路桥梁抗震规范中进行延性设计时考虑了纵向钢筋的截断。原则上不需考虑纵向钢筋的截断，但当桥墩较高时，可以考虑纵向钢筋的切断。在切断纵向钢筋时，考虑到混凝土和钢筋强度的分散，纵向钢筋的黏着长度，为了不在纵向钢筋切断处产生塑性，必须确定纵向钢筋的切断位置，切断位置根据式(5-28)确定。

$$h_i = h\left(1-\frac{M_{yi}}{2M_{yB}}\right)+D \tag{5-28}$$

式中：h_i——墩底到第 i 根纵向钢筋切断位置处的高度(mm)；

h——墩底到上部结构惯性力位置处的高度(mm)；

M_{yi}——第 i 根纵向钢筋切断位置处截面的屈服弯矩(N·mm)；

M_{yB}——墩底截面的屈服弯矩(N·mm)；

D——桥墩的顺桥向及横桥向的宽度(mm)的较小值，圆形截面时取直径。

纵向钢筋切断必须满足如下构造要求：

(1)4 倍塑性铰区间内，纵向钢筋不能切段。

(2)在一个分段位置，切断钢筋不能超过纵向钢筋用量的 1/3。但是，在顺桥向及横桥向不同高度截断时，确定各自断面上的比例。

(3)在分段位置的上下桥墩截面的短边长或相当于直径的 1.5 倍的截面区域，箍筋间距不超过 150mm，且箍筋间距不能突变。

《08 细则》中没有对纵向钢筋的切断做出明确的要求，但规定了不应在塑性铰区进行纵向钢筋的连接。

2)纵向钢筋的锚固搭接

《08 细则》中规定墩柱的纵向钢筋应尽可能地延伸到盖梁和承台的另一侧面，纵向钢筋的锚固和搭接长度应在现行《公路钢筋混凝土及预应力混凝土桥涵设计规范》(JTG D62)要求的基础上增加 $10d_s$，d_s 为纵向钢筋直径。日本公路桥梁抗震规范中没有纵向钢筋锚固和搭接长度的规定。

5.2.2 箍筋及拉筋的构造设计

1)配箍率

《08 细则》中的对于抗震设防烈度 7 度、8 度地区，圆形、矩形桥墩潜在塑性铰区域内箍筋的最小配箍率 $\rho_{s,\min}$ 根据式(5-29)及式(5-30)计算。

圆形截面：

$$\rho_{s,\min} = [0.14\eta_k + 5.84(\eta_k - 0.1)(\rho_t - 0.01) + 0.028]\frac{f'_c}{f_{yh}} \geqslant 0.004 \tag{5-29}$$

矩形截面：

$$\rho_{s,\min} = [0.1\eta_k + 4.17(\eta_k - 0.1)(\rho_t - 0.01) + 0.02]\frac{f'_c}{f_{yh}} \geqslant 0.004 \tag{5-30}$$

式中：η_k——轴压比，指结构的最不利组合轴向压力与柱的全截面面积和混凝土轴心抗压强度设计值乘积的比值；

ρ_t——纵向配筋率；

f'_c——混凝土抗压强度标准值(MPa)；

f_{yh}——箍筋抗拉强度设计值(MPa)。

对于抗震设防烈度为9度及9度以上的地区，圆形、矩形墩柱潜在塑性铰区域内加密箍筋的最小配箍率$\rho_{s,\min}$应比抗震设防烈度7度、8度地区适当增强，以提高桥墩的延性能力。

日本公路桥梁抗震规范中规定了横约束筋(围绕纵向钢筋的箍筋和截面中配置的拉筋的总称)的体积配箍率ρ_s上限值为1.8%。

2)箍筋直径、间距、连接及肢距

《08细则》和日本公路桥梁抗震规范对于墩柱塑性铰区箍筋直径、间距、连接及肢距的要求如表5-3所示。

箍筋直径和间距 表5-3

内容 \ 规范	日本公路桥梁抗震规范	《08细则》
箍筋间距	不大于15cm	不应大于10cm或$6d_s$或$b/4$。 其中， d_s——纵向钢筋直径； b——墩柱弯曲方向的截面宽度
箍筋直径	13mm以上	10mm以上
箍筋的连接	连接重叠部分为箍筋直径的40倍以上	螺旋箍筋接头必须采用对接
箍筋的肢距	—	不宜大于25cm

3)箍筋弯钩

《08细则》中规定，对于矩形箍筋应有135°弯钩，并深入核心混凝土之内$6d_s$以上。

日本公路桥梁抗震规范给出了三种形式的弯钩，弯钩的长度如表5-4所示。

弯钩及其内径 表 5-4

序　号	弯　钩	弯钩长度
1	半圆形弯钩	箍筋直径的 8 倍或 12cm 的较大值
2	锐角弯钩	箍筋直径的 10 倍
3	直角弯钩	箍筋直径的 12 倍

同时，日本公路桥梁抗震规范规定，弯钩的弯曲内半径为箍筋直径的 2.5 倍以上；对于箍筋或拉筋端部的弯钩尽量采用半圆形或锐角弯钩；对于直角弯钩，因为其容易从核心混凝土里拔出，最好不要在 4 倍塑性铰长度区间内使用；在不得不采用直角弯钩时，必须使直角弯钩满足即使外包混凝土剥离，弯钩也不会脱落，直角弯钩时箍筋的固定如图 5-14 所示。

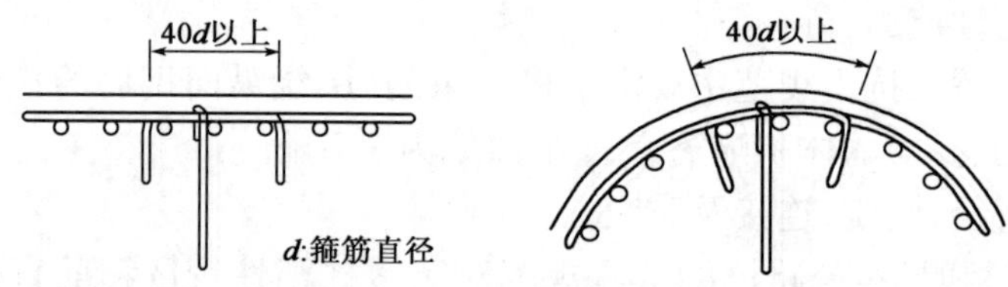

图 5-14　直角弯钩时箍筋的固定

4)拉筋的配置

《08 细则》没有对拉筋做具体的规定，只是规定：

(1)在墩柱中至少每隔一根纵向钢筋宜用箍筋或拉筋固定。

(2)在配置内外两层环形箍筋时，在内外两层环形箍筋之间配置足够的拉筋。

日本公路桥梁抗震规范对拉筋做了较为详细的要求，要求如下：

(1)为了使被拉筋分割的混凝土截面具有均一的约束效果，拉筋原则上采用与箍筋相同材料、相同直径的钢筋。

(2)拉筋原则上应设置长边及短边(矩形截面)。

(3)拉筋的截面内配置间距原则上应在 1m 以内，但也不能过密，过密会使混凝土进口变小等，导致施工困难。

(4)为了提高混凝土的约束效果，应在配置箍筋的全截面内配置拉筋。

(5)拉筋应在截面周长方向配置的箍筋处设置弯钩，并且，纵向钢筋双层配筋时，拉筋弯钩应在最外层配置的箍筋处。

(6)拉筋的端部的弯钩原则上采用半圆形或锐角弯钩。

(7)拉筋应为一根连续的钢筋或者采用搭接的两根钢筋贯通桥墩截面。但是,在桥墩截面内部设置接头时,为确保接头强度与拉筋强度相当,应选择接头构造如图 5-15 所示。

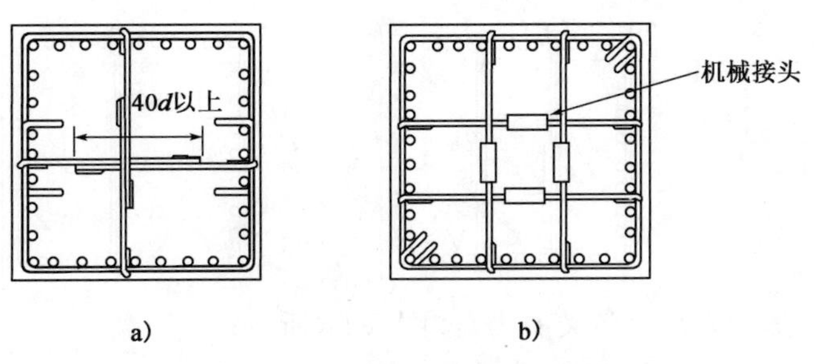

图 5-15　两根钢筋连接的拉筋

a)绑扎接头;b)机械接头

5)空心截面潜在塑性铰区域箍筋配置

《08 细则》中对于空心截面潜在塑性铰区域内箍筋配置的要求如下:

(1)加密箍筋应满足上述塑性铰区内箍筋的配置要求。

(2)空心截面应配置内外两层环形箍筋,在内外两层箍筋之间应配置足够的拉筋,如图 5-16a)所示。

日本公路桥梁抗震规范中规定了空心截面的箍筋须以防止轴向钢筋向截面外侧或中空部膨胀配置,为提高箍筋的效果,外侧和内侧箍筋应配置拉筋,箍筋配置如图 5-16b)所示。

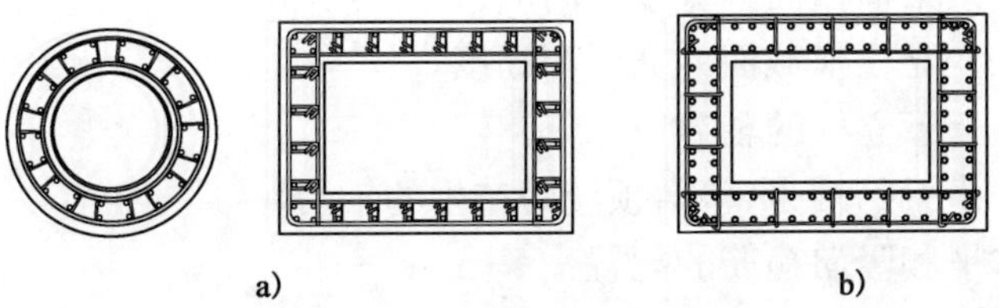

图 5-16　空心截面箍筋配置图

a)《08 细则》;b)日本公路桥梁抗震规范

5.2.3　节点构造措施

1)《08 细则》

《08 细则》中节点构造根据以下进行设计。

(1)节点的主拉及主压应力可根据式(5-31)计算：

$$\begin{matrix}\sigma_c\\ \sigma_t\end{matrix} = \frac{f_v + f_h}{2} \pm \sqrt{\left(\frac{f_v - f_h}{2}\right)^2 + v_{jh}^2} \tag{5-31}$$

式中：σ_c、σ_t——节点的名义主压应力和名义主拉应力；

v_{jh}——节点的名义剪应力，

$$v_{jh} = v_{jv} = \frac{V_{jh}}{b_{je}h_b} \tag{5-32}$$

$$V_{jh} = T_c^t + C_c^b \tag{5-33}$$

V_{jh}——结点的名义剪力，如图 5-17 所示；

T_c^t——考虑超强系数 ϕ^0（$\phi^0=1.2$）的混凝土墩柱纵向钢筋拉力，如图 5-17所示；

C_c^b——考虑超强系数 ϕ^0（$\phi^0=1.2$）的混凝土墩柱受压区压应力的合力，如图 5-17 所示；

f_v、f_h——节点沿垂直和水平方向的正应力，

$$f_v = \frac{P_c^b + P_c^t}{2b_b h_c} \tag{5-34}$$

$$f_h = \frac{P_b}{b_{je}h_b} \tag{5-35}$$

b_{je}、h_b——横梁横截面的宽度和高度；

b_b、h_c——上立柱横截面的宽度和高度；

P_c^b、P_c^t——上下立柱的轴力；

P_b——横梁的轴力(包括预应力产生的轴力)。

(2)节点水平和竖向箍筋的配置

①$\sigma_t \leqslant 0.275\sqrt{f_c'}$

主拉应力节点水平和竖向箍筋配置根据式(5-36)计算。

$$\rho_{s,\min} = \rho_x + \rho_y = \frac{0.275\sqrt{f_c'}}{f_{yh}} \tag{5-36}$$

式中：f_c'——混凝土抗压强度标准值(MPa)；

f_{yh}——箍筋抗拉强度设计值(MPa)。

②$\sigma_t > 0.275\sqrt{f'_c}$

a. 节点中的横向含箍率不应小于上述《08 细则》对于塑性铰加密区域含箍率的要求，横向箍筋的配置如图 5-18 所示。

b. 在距柱侧面 $h_b/2$ 的盖梁范围内配置竖向箍筋，h_b 为盖梁的高度。节点中配置的竖向箍筋的面积为 $A_v/2$，A_v 为立柱纵向钢筋面积，可根据式(5-37)计算。竖向箍筋配置如图 5-18 所示。

$$A_v = 0.174A_s \tag{5-37}$$

式中：A_s——立柱纵向钢筋面积(m^2)。

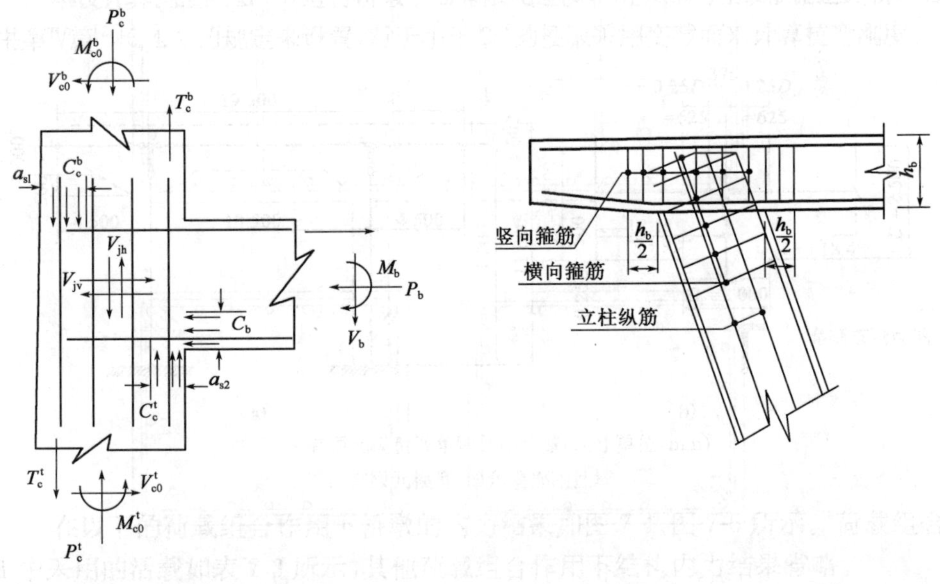

图 5-17 节点受力图　　图 5-18 节点配筋示意图

2)日本公路桥梁抗震规范

为了使柱和盖梁的节点在地震反复荷载作用时不产生塑性铰，必须注意节点处的配筋，节点处的抗力和变形性能现在还在处于研究阶段，不明确的部分很多，在以前地震中，节点处的破坏较少，考虑到现场的施工，可以如图 5-19 所示进行标准配筋，节点处可以不配置拉筋，水平方向的箍筋的间距与柱的箍筋间距相同，一直配置到柱的顶端，竖向箍筋间距与横梁箍筋间距相同。

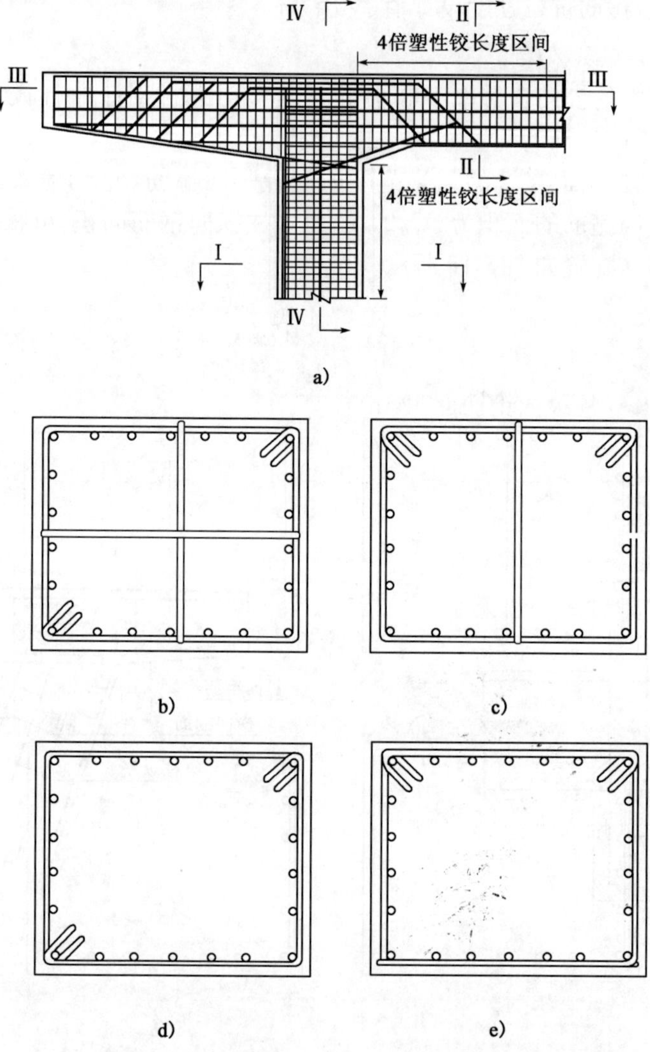

图 5-19　钢筋混凝土桥墩柱横梁节点处配筋图

a)盖梁节点配筋图；b)Ⅰ-Ⅰ截面柱的配筋图；c)Ⅱ－Ⅱ截面横梁的配筋图；
d)Ⅲ-Ⅲ截面节点处柱的配筋图；e)Ⅳ-Ⅳ截面节点处横梁的配筋图

第 6 章　减隔震及抗震措施设计

6.1　减隔震设计

6.1.1　减隔震设计的适用条件

《08 细则》规定，满足以下条件的桥梁可以采用减隔震设计。

(1)桥墩为刚性墩，桥梁的基本周期比较短。

(2)桥墩高度相差较大时。

(3)桥址区的预期地面运动特性比较明确，主要能量集中在高频段。

《08 细则》和日本公路桥梁抗震规范对于不宜采用减隔震设计的桥梁规定基本相同。

(1)地震作用下，场地可能失效。

(2)下部结构刚度小，桥梁的基本周期比较长。

(3)位于软弱场地，延长周期可能引起地基和桥梁共振。

(4)支座中可能出现负反力。

6.1.2　减隔震装置的种类

《08 细则》和日本公路桥梁抗震规范中常用的减隔震装置如表 6-1 所示。

常用的减隔震装置　　表 6-1

	日本公路桥梁抗震规范	《08 细则》
减隔震装置种类	工程实际中使用较多的减隔震支座： ①铅芯橡胶支座(LRB)； ②高阻尼橡胶支座(HDR)	减隔震装置分为整体型和分离型。 整体型减隔震装置： ①铅芯橡胶支座； ②高阻尼橡胶支座； ③摩擦摆式减隔震支座。 分离减隔震装置： ①橡胶支座＋金属阻尼器； ②橡胶支座＋摩擦阻尼器； ③橡胶支座＋黏性材料阻尼器

6.1.3 减隔震装置的力学特性及其计算方法

《08 细则》中的减隔震设计中没有定性地给出减隔震装置的力学特性，但要求对减隔震装置的变形、阻尼等力学参数，进行试验测试。试验得到的力学参数值应在设计值的±10%以内。

日本公路桥梁抗震规范中给出了支座的等效线性特性和双线性滞回特性。

1)减隔震支座的等效线性模型

把减隔震支座的非线性滞回特性，通过等效线性化法表示为等效线性模型时，需确定减隔震支座的设计变位、等效刚度及等效阻尼比。

(1)减隔震支座的设计变位

减隔震支座的设计变位 u_B 及有效设计变位 u_{Be}，可根据式(6-1)及式(6-2)计算。

$$u_B = \begin{cases} \dfrac{k_h W_U}{K_B} & \text{（水平 1 地震动的验算）} \\ \dfrac{c_m P_u}{K_B} & \text{（水平 2 地震动的验算）} \end{cases} \tag{6-1}$$

$$u_{Be} = c_B u_B \tag{6-2}$$

式中：u_B——减隔震支座的设计变位(m)；

u_{Be}——减隔震支座的有效设计变位(m)；

k_h——水平 1 地震动的设计水平地震力系数；

P_u——桥墩塑性化时，相当于桥墩极限水平抗力的水平力，基础塑性化时，相当于基础最大响应变位的水平力(kN)；

c_m——用于计算减隔震支座设计变位的动力修正系数，取 1.2；

K_B——减隔震支座等效刚度(kN/m)；

W_U——减隔震支座分担水平力的上部结构部分的重力(kN)；

c_B——表示惯性力非恒定性的修正系数，取 0.7。

(2)减隔震支座的等效刚度及等效阻尼比

减隔震支座的等效刚度及等效阻尼比，可根据式(6-3)及式(6-4)计算。

$$K_B = \frac{F(u_{Be}) - F(-u_{Be})}{2u_{Be}} \tag{6-3}$$

$$h_B = \frac{\Delta W}{2\pi W} \tag{6-4}$$

式中：h_B——减隔震支座的等效阻尼比；

$F(u_{Be})$——减隔震支座水平变位 u_{Be} 所需的水平力(kN)；

W——减隔震支座的弹性能量，如图6-1所示的三角形的面积(kN·m)；

ΔW——减隔震支座吸收能量的总和，如图6-1所示的水平变位和水平荷载的滞回曲线的面积(kN·m)。

2)减隔震支座的双线性滞回模型

一般情况下，减隔震桥梁采用时程响应分析时，减隔震支座的非线性特性表示为如图6-2所示的双线性滞回特性，此时，减隔震支座的等效刚度 K_B 和等效阻尼比 h_B 根据式(6-5)和式(6-6)计算。

$$K_B = \frac{Q_d}{u_{Be}} + K_2 \tag{6-5}$$

$$h_B = \frac{2Q_d[u_{Be} + Q_d/(K_2 - K_1)]}{\pi u_{Be}(Q_d + u_{Be}K_2)} \tag{6-6}$$

式中：Q_d——减隔震支座的屈服力(kN)；

K_1、K_2——减隔震支座的一次刚度和二次刚度。

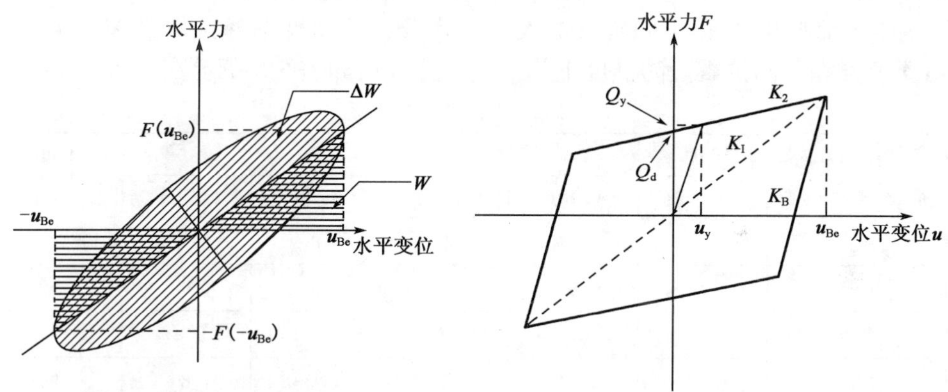

图6-1　减隔震支座的等效刚度及等效阻尼比

图6-2　减隔震支座的双线性滞回特性

6.1.4　橡胶型减隔震支座的剪切应变

日本公路桥梁抗震规范将支座分为A型和B型两种支座，对于A型支座产生的剪切应变在式(6-7)计算值的100%以内；B型支座产生的剪切应变在式(6-7)计算值的250%以内。

$$\gamma = \frac{u_B}{\sum_{i=1}^{n} t_{ei}} \tag{6-7}$$

式中：γ——剪切应变；

u_B——设计水平地震力作用时支座产生的水平变位(mm)；

t_{ei}——第 i 层橡胶层厚度(mm)；

n——橡胶层数。

《08 细则》中对于橡胶型减隔震装置剪切应变的规定参考了日本公路桥梁抗震规范，要求橡胶型减隔震装置在 E1 地震作用下产生的剪切应变应小于100%，在 E2 地震作用下产生的剪切应变应小于 250%。

6.2 抗震措施设计

由于工程场地可能遭受的地震的不确定性以及人们对桥梁结构地震破坏机理的认识尚不完善，所以桥梁抗震实际上还不能完全依靠定量的计算方法。实际上，历次大地震的震害表明，一些从震害经验中总结出来或经过基本力学概念启示得到的一些构造措施被证明可以有效地减轻桥梁的震害[23-26]。

《08 细则》中根据不同桥梁的设防类别及设防烈度选择抗震措施等级。其各类桥梁在不同抗震设防烈度下的抗震措施等级如表 6-2 所示。

公路桥梁抗震措施等级　　表 6-2

桥梁分类 \ 设防分类	6 度	7 度		8 度		9 度
	0.05g	0.10g	0.15g	0.20g	0.30g	0.40g
A 类	7	8	9	9	更高，专门研究	
B 类	7	8	8	9	9	≥9
C 类	6	7	7	8	8	9
D 类	6	7	7	8	8	9

由表 6-2 可以看出，《08 细则》中对于设防类别为 A 类和 B 类的桥梁，其抗震措施等级均提高一度进行设计。

日本公路桥梁抗震规范中为了预防超预期地震的作用，设定了落梁防止系统。落梁防止系统作为抗震措施进行设计。落梁防止系统包括梁的搁置长度、防止落梁装置、变位限制装置、防落座装置等。

6.2.1 梁的搁置长度

日本公路桥梁抗震规范中对梁的搁置长度的要求如下：

(1)梁的搁置长度 S_E 宜大于式(6-8)计算值。当梁的搁置长度低于式(6-8)

计算值时,应在式(6-9)计算值以上。梁的搁置长度如图 6-3 所示。当斜桥和曲线桥梁中土压力的水平分力与顺桥向不一致时,梁的搁置长度如图 6-4 所示,取垂直支承线方向上梁端到下部结构顶部边缘的距离。

$$S_E = u_R + u_G \geqslant S_{EM} \tag{6-8}$$

$$S_{EM} = 0.7 + 0.005l \tag{6-9}$$

式中:S_E——梁的搁置长度(m),如图 6-3 所示的梁端到下部结构顶端边缘梁的长度及吊梁悬臂处梁的长度;

u_R——水平 2 地震动作用下,上部结构和下部结构顶端的最大相对变位(m);

u_G——地震时地基应变产生的地基相对变位(m),

$$u_G = \varepsilon_G L \tag{6-10}$$

S_{EM}——梁的搁置长度最小值(m);

ε_G——地震时地基应变,地基类别为Ⅰ类、Ⅱ类、Ⅲ类时,其值分别为 0.002 5、0.003 75、0.005;

L——影响梁搁置长度的下部结构间的距离(m);

l——跨径(m),单桥墩支承的两梁的跨径不同时,取两梁的最大跨径。

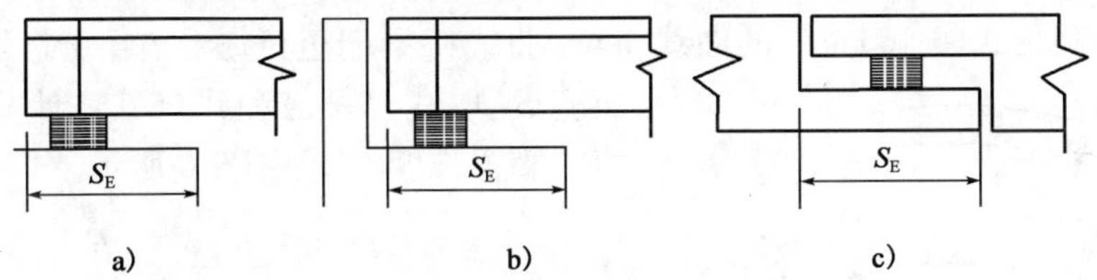

图 6-3　梁的搁置长度

a)桥墩处;b)桥台处;c)挂梁处

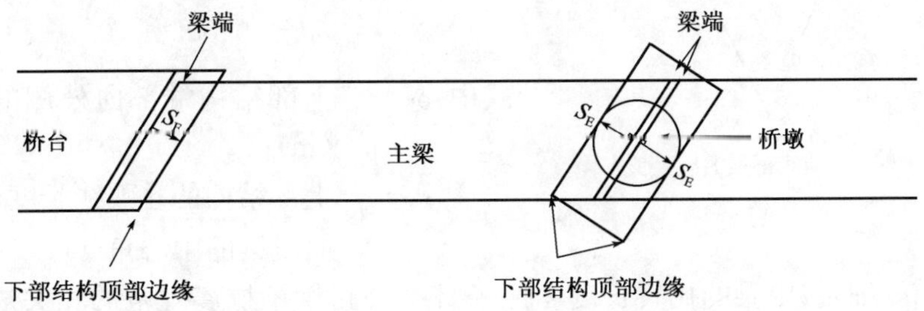

图 6-4　土压力的分力与顺桥向不一致时梁的搁置长度

(2)当斜桥的斜角满足式(6-11)的条件时,斜桥梁端至桥墩、台帽或盖梁的搁置长度 $S_{E\theta}$ 根据式(6-12)确定。斜桥的搁置长度 $S_{E\theta}$ 如图 6-5 所示。

$$\frac{\sin 2\theta}{2} > \frac{b}{L_\theta} \tag{6-11}$$

$$S_{E\theta} \geqslant (L_\theta/2)[\sin\theta - \sin(\theta - \alpha_E)] \tag{6-12}$$

式中:L_θ——一联上部结构的长度(m);

b——上部结构总宽度(m);

θ——斜角(°);

α_E——极限脱落回转角(°)。

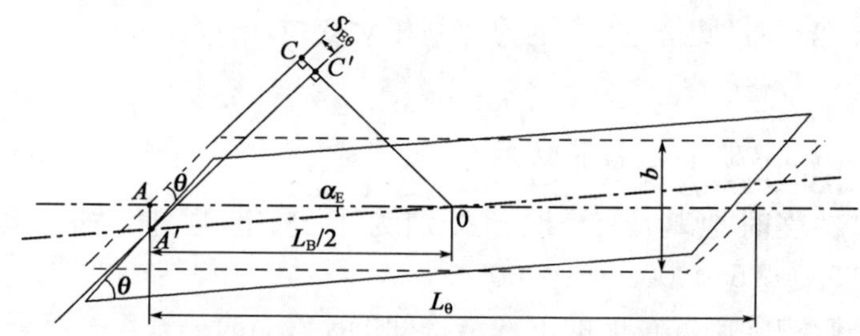

图 6-5 斜桥梁的搁置长度

(3)满足式(6-13)条件的曲线桥梁,曲线桥梁端至桥墩、台帽或盖梁的搁置长度 $S_{E\theta}$ 取式(6-14)和式(6-15)计算的最大值。搁置长度 $S_{E\theta}$ 如图 6-6 所示。

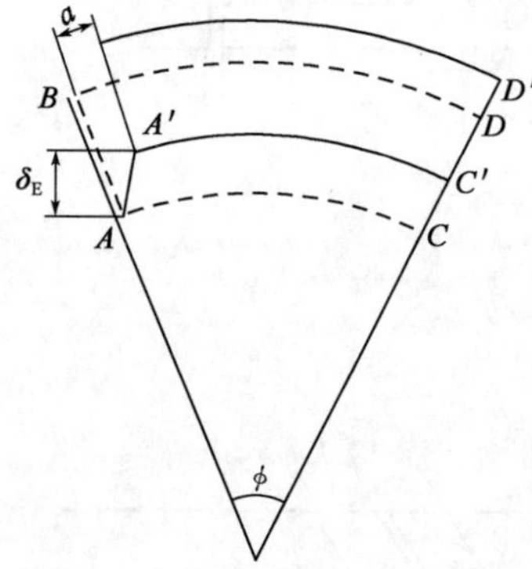

图 6-6 曲线桥梁的搁置长度

$$\frac{115}{\phi}\frac{1-\cos\phi}{1+\cos\phi} > \frac{b}{L_\theta} \tag{6-13}$$

$$S_{E\theta} \geqslant \delta_E \frac{\sin\phi}{\cos(\phi/2)} + 0.3 \tag{6-14}$$

$$\delta_E = 0.005\phi + 0.7 \tag{6-15}$$

式中:δ_E——上部结构端部向外侧的移动量(m);

L_θ——上部结构的总弧线长度(m);

ϕ——曲线梁的中心角(°)。

《08 细则》中梁的搁置长度参照了日本公路桥梁抗震规范的相关规定,《08 细则》中简支梁桥的搁置长度根据上述日本公路桥梁抗震规范中梁的搁置长度

(1)中的式(6-9)确定;斜桥和曲线桥梁的搁置长度与日本公路桥梁抗震规范基本相同。

6.2.2　防止落梁装置

防止落梁装置是在出现超过预期强度的大地震,支座或限位装置破坏后,上下部结构之间可能产生超过预期的较大的相对变位时,使变位不致超过梁的搁置长度,防止落梁发生的最终安全装置。它的设置是一种保险的做法,这种装置在桥梁抗震的两阶段设计中是基本不起作用,其设计地震力必须大于预期地震(罕遇地震)作用下的荷载。

日本公路桥梁抗震规范中对于防落梁装置做了如下要求:

(1)防止落梁装置不能妨碍支座的移动和转动功能;并且不能妨碍支座的日常维护;防止落梁装置应能够适应横桥向的移动,并对地震冲击力起一定的缓冲作用。

(2)防止落梁装置的抗力不能超过式(6-16)计算出的设计地震力。防止落梁装置的最大设计移动量不能超过式(6-17)的计算值。

$$H_{\mathrm{F}} = 1.5R_{\mathrm{d}} \tag{6-16}$$

$$S_{\mathrm{F}} = c_{\mathrm{F}}S_{\mathrm{E}} \tag{6-17}$$

式中:H_{F}——防止落梁装置的设计地震力(kN);

R_{d}——恒载反力(kN);

S_{F}——防止落梁装置的最大设计移动量(m);

S_{E}——为梁搭接长(m);

c_{F}——防止落梁装置的设计变位系数,标准值取 0.75。

日本公路桥梁抗震规范中将防止落梁装置分为三类,分别为连接上部结构和下部结构的防落梁装置、上部结构和下部结构设置突起的防落梁装置和连接相邻上部结构的防落梁装置,分别如图 6-7～图 6-9 所示。

日本在防止落梁装置的设计使用方面有比较系统的研究和较成熟的设计理论,并在实际工程中大量应用,效果显著,日本公路桥梁抗震规范以静力方法代替动力计算,忽略了结构自身振动特性的影响,简单易行。

《08 细则》中规定了在桥台胸墙应适当加强,并在梁与梁之间和梁与桥台胸墙之间加装橡胶垫或其他弹性衬垫,以缓和冲击作用和限制梁的位移;对桥面不连续的简支梁(板)桥,宜采用挡块、锚栓连接和钢夹板连接等措施防止纵横向落梁。对连续梁和桥面连续简支梁(板)桥,采用防止横向产生较大位移的措施。

可以看出,《08 细则》虽然给出防止结构相邻构件产生过大的相对位移产生落梁的措施,但对于这些措施的设置依据和设计方法,还有待于进一步加强和完善。

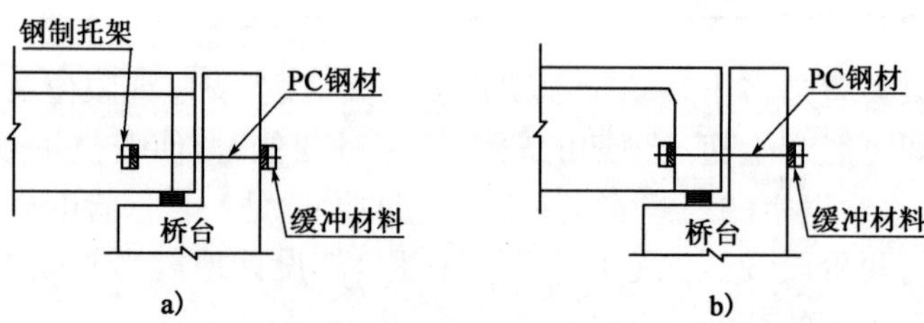

图 6-7 连接上部结构和下部结构的防落梁装置

a)钢上部结构;b)混凝土上部结构

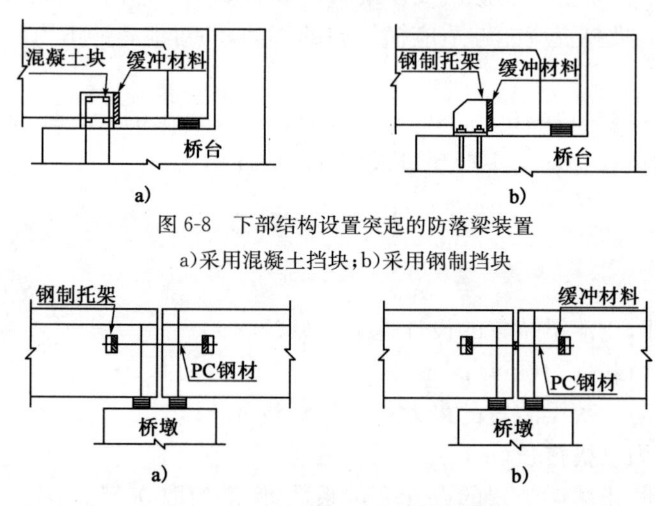

图 6-8 下部结构设置突起的防落梁装置

a)采用混凝土挡块;b)采用钢制挡块

图 6-9 连接相邻上部结构的防落梁装置

a)钢上部结构;b)混凝土上部结构

6.2.3 变位限制装置

日本公路桥梁抗震规范中的变位限制装置是 A 型支座的补充构造,主要目的是使 A 型支座能够抵抗水平 2 地震产生的地震力,确保 A 型支座具有相当于 B 型支座的抗力,使 A 型支座在破损时,上下部结构间不产生过大的相对变位。

日本公路桥梁抗震规范中的变位限制装置有连接上、下部结构的变位限制装置及上、下部结构设置突起的变位限制装置,如图 6-10 所示。

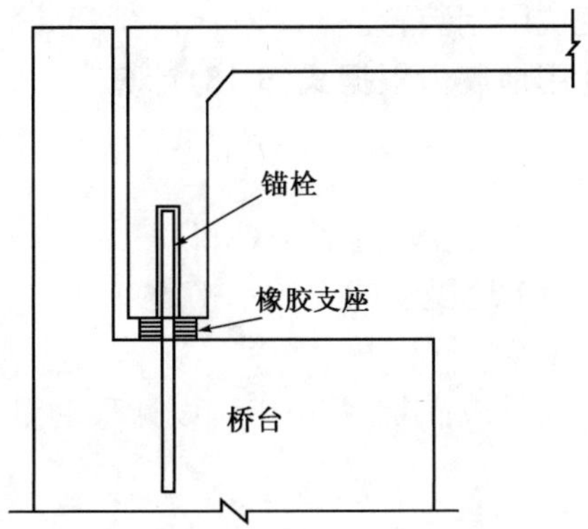

图 6-10　连接上下部结构的变位限制装置

日本公路桥梁抗震规范规定，对于 A 型支座在顺桥向及横桥向均应设置变位限制装置。对于 B 型支座不需设置变位限制装置。但满足以下条件的桥梁，横桥向可能会因为梁的移动发生落梁，因此，以下条件下即使是 B 型支座也应该在横桥向设置变位限制装置。

(1)满足式(6-12)的斜桥和满足式(6-14)的曲线桥，如图 6-11 所示。

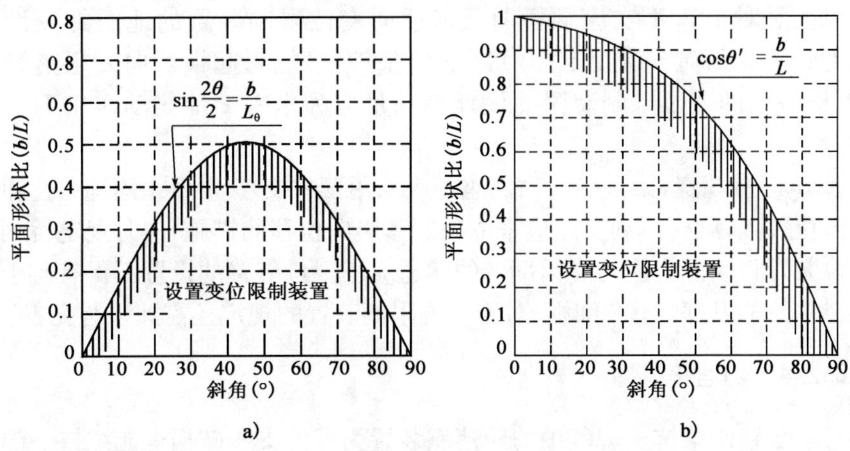

图 6-11　斜桥及弯桥变位限制装置的设置

a)斜桥；b)弯桥

(2)下部结构顶端较窄的桥。

(3)一条支承线上支座个数少的桥。

(4)地基流动化使桥墩在横桥向产生移动的桥。

对于满足条件(2)～(4)的桥梁除在端支点处设置变位限制装置外还应在中

间支点的横桥向设置变位限制装置。

变位限制装置设计用地震力根据式(6-18)计算。

$$H_S = 3k_h R_d \tag{6-18}$$

式中:H_S——变位限制装置设计用地震力(kN);

k_h——相当于水平1地震动的设计水平震度;

R_d——恒载反力(kN)。

变位限制装置的移动量应满足式(6-19),设计移动量根据式(6-20)计算。

$$L_S \geqslant L_{Sd} \tag{6-19}$$

$$L_{Sd} = L_E + L_A \tag{6-20}$$

式中:L_S——变位限制装置的移动量;

L_{Sd}——变位限制装置的设计移动量;

L_E——水平1地震动作用下支座的移动量(mm),采用橡胶支座时为橡胶支座的容许剪切应变;

L_A——变位限制装置移动量的富余量(mm),取值为15mm左右。

以上是对于A型支座顺桥向及横桥向变位限制装置的地震力及设计移动量的计算。而对于满足上述(1)~(4)条件,可能引起横桥向发生落梁的桥梁,其横桥向的变位限制装置的设计移动量应为水平2地震动作用下支座的移动量。

《08细则》规定,梁桥的活动支座不应采用摆柱支座,当采用辊轴支座时,应采取限位装置;梁桥活动支座应采取限制其竖向位移的措施,同时规定桥轴方向的限位装置移动能力应与支承部分的相适应。限位装置的设置不得有碍于防落梁构造功能的发挥。《08细则》对于变位限制装置的规定还需加强与完善。

6.2.4 防落座装置

日本公路桥梁抗震规范中的防落座装置为即使支座破损也能维持上部结构在适当高度的构造。一般在支座高度较高时设置,即在混凝土台座上设置预备橡胶支座,支座发生破坏时,如果防止落梁构造及变位限制装置能够起到支承上部结构的作用时,可以与防落座构造兼用。

6.2.5 防落梁系统的选择流程

日本公路桥梁抗震规范中给出了防落梁系统的选择流程,如图6-12所示。

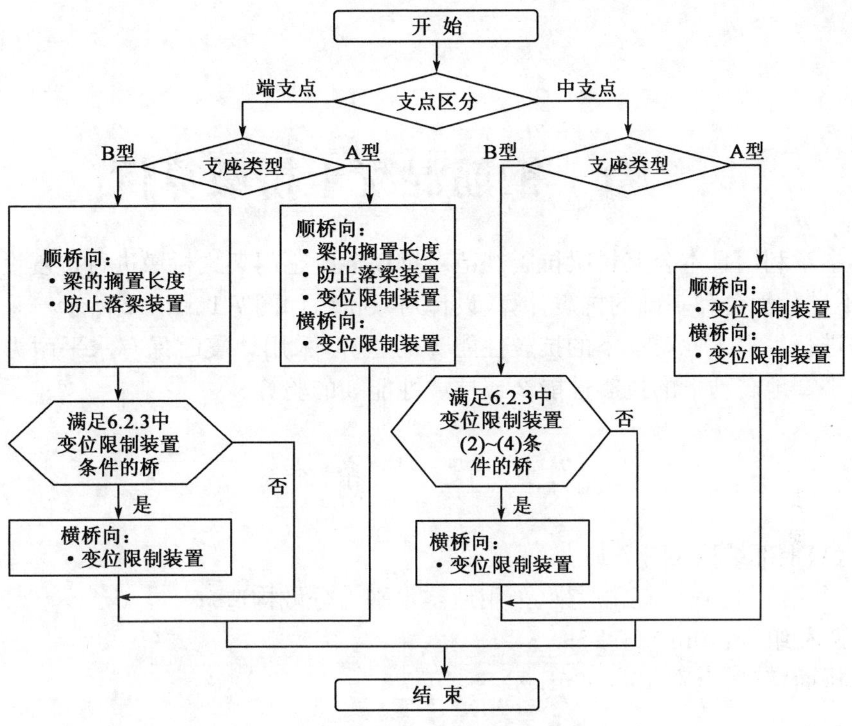

图 6-12 防落梁系统的选择流程

第 7 章　钢筋混凝土桥墩算例

本章利用日本公路桥梁抗震规范对钢筋混凝土门架式桥墩进行抗震设计计算，不进行承台和基础的抗震计算，设计对象桥墩如图 7-1、图 7-2 所示。采用震度法进行水平 1 地震动下的抗震性能 1 的验算；采用地震时保有水平耐力法进行水平 2 地震动下的抗震性能 2 或抗震性能 3 的验算。

7.1　设 计 条 件

(1)上部结构（图 7-1）

形式：10 跨连续钢 I 形梁（采用地震水平力分散构造）；

跨径组合：40m×10 跨；

桥面宽度：全宽 19.450m；

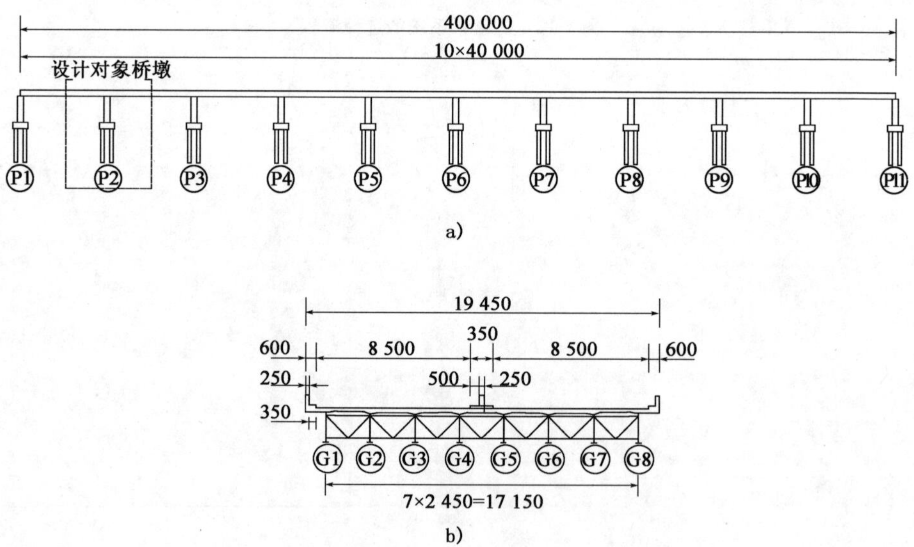

图 7-1　设计桥梁（尺寸单位：mm）

a)立面图；b)上部结构横截面图

活载：B类活载；

支座种类：橡胶支座（B类）。

上部结构支承条件见表7-1。

上部结构的支承条件（水平方向）　　表7-1

桥墩 方向	P1～P11
顺桥向	弹性支承
横桥向	弹性支承

(2)下部结构（图7-2）

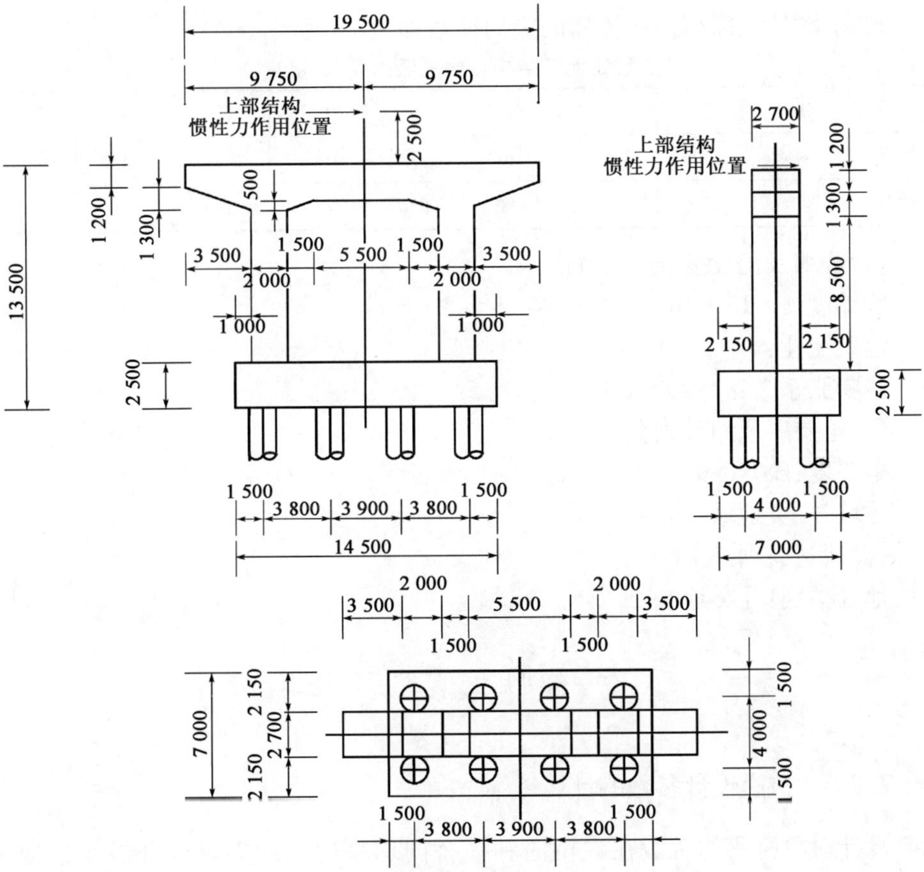

图7-2　设计对象桥墩（P2桥墩）（尺寸单位：mm）

桥墩：门架式桥墩；

基础：灌注桩；

使用材料：见表 7-2。

使 用 材 料 表 7-2

构　件	混 凝 土	钢　筋
桥墩	$\sigma_{ck}=24\mathrm{MPa}$	SD345 *
承台	$\sigma_{ck}=24\mathrm{MPa}$	
桩	$\sigma_{ck}=24\mathrm{MPa}$ ($\sigma_{28}=30\mathrm{MPa}$)	

注：* SD345 是日本《钢筋混凝土用钢筋》(JIS G 3112)中规定的一种钢筋，屈服强度 345～410MPa，极限强度＞490MPa。

(3)上部结构传递的竖向荷载

P2 桥墩处上部结构所传递的竖向荷载如表 7-3 所示。

桥墩处上部结构传递的竖向荷载(kN) 表 7-3

梁号	G1	G2	G3	G4	G5	G6	G7	G8	合计
恒载	1 400	1 300	1 300	1 300	1 300	1 300	1 300	1 400	10 600
活载	860	880	880	880	880	880	880	860	—

(4)收缩及温度变化的影响

收缩度：$\varepsilon=15\times10^{-5}$；

温度变化：$T=\pm10$℃；

线膨胀系数：$\alpha=10\times10^{-6}$。

(5)重要度及地域划分

重要度：B 类桥梁；

地域：A 类地域。

(6)地基类别

地基类别：Ⅱ类地基。

7.2 弹性抗震设计验算

7.2.1 抗震设计参数的计算

设计对象桥梁的桥墩在顺桥向和横桥向均采用弹性支承以分散水平地震力，因此，顺桥向和横桥向的设计振动单位采用抗震设计规范规定中的多个下部结构支承的上部结构模式。根据平面有限元分析，结构的固有周期、设计水平地震力系数及 P2 桥墩承担的上部结构重力如表 7-4 所示。

固有周期、弹性抗震用设计水平地震力系数及 **P2** 桥墩承担的上部结构的重力　　表 7-4

项　目 \ 方　向			顺 桥 向	横 桥 向
固有周期	T	s	1.29	1.18
弹性抗震用设计水平地震力系数	k_h	—	0.25	0.25
上部结构的重力	W_U	kN	9 600	9 600

7.2.2　桥墩设计

1)面内(横桥向)

(1)桥墩有限元建模

本设计算例按照图 7-3 进行桥墩平面有限元建模。角隅部刚性域根据道路桥示方书第Ⅳ篇[27] 6.4.2 的规定来设置,对于小于 25°的梗腋采用变截面来计算抗弯刚度。

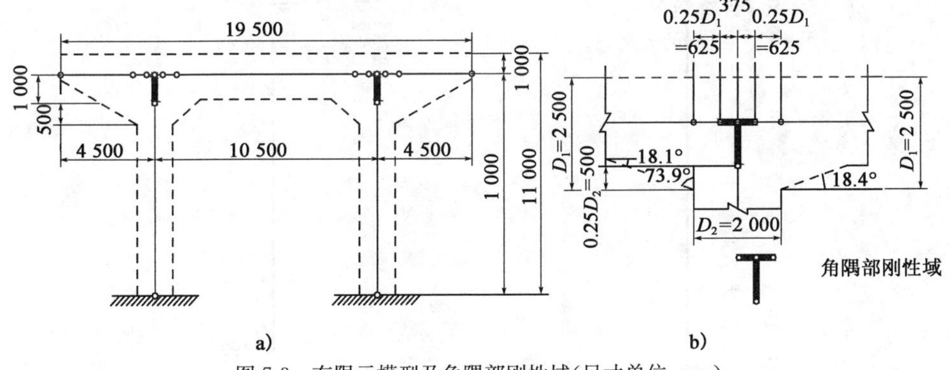

图 7-3　有限元模型及角隅部刚性域(尺寸单位:mm)

a)有限元模型;b)角隅部刚性域

在以下的荷载组合作用下桥墩的内力结果如图 7-4、图 7-5 所示。荷载组合 1 中采用的活载如表 7-3 所示,其他荷载组合作用下结构内力结果省略。

荷载组合 1:恒载+活载+收缩影响(正常使用时)(图 7-4);

荷载组合 2:恒载+地震影响+收缩影响[地震时(弹性设计)](图 7-5)。

(2)盖梁设计

①弯矩验算

对如图 7-6 所示的各设计截面进行弯矩验算。由表 7-5 可知,弯曲应力满足要求,极限弯矩 M_u 大于混凝土开裂弯矩 M_c,满足道路桥示方书第Ⅳ篇 4.4.1 规定的最小用钢量。对于下缘受拉的截面⑦的验算,采用最不利组合(荷载组合 1)计算的内力进行验算。

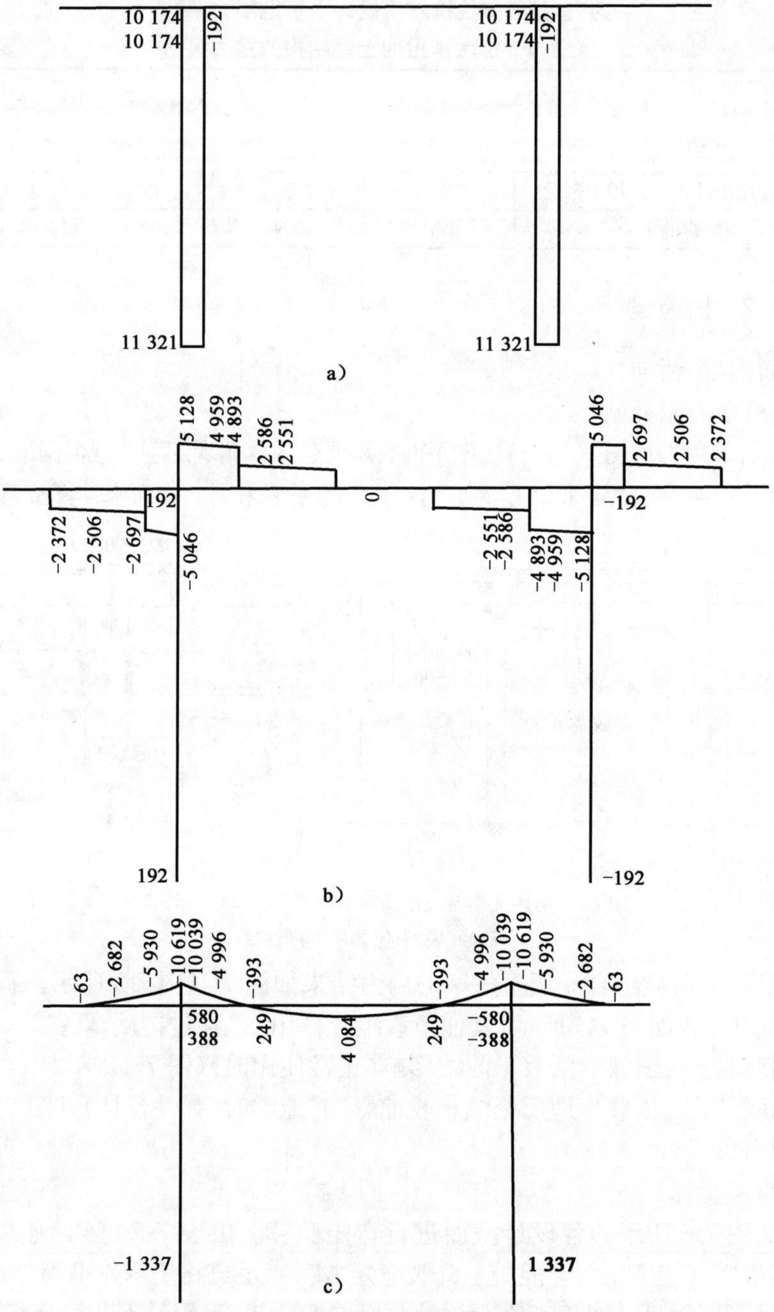

图 7-4 恒载＋活载＋收缩（正常使用时）的内力

a）轴力（kN）；b）剪力（kN）；c）弯矩（kN·m）

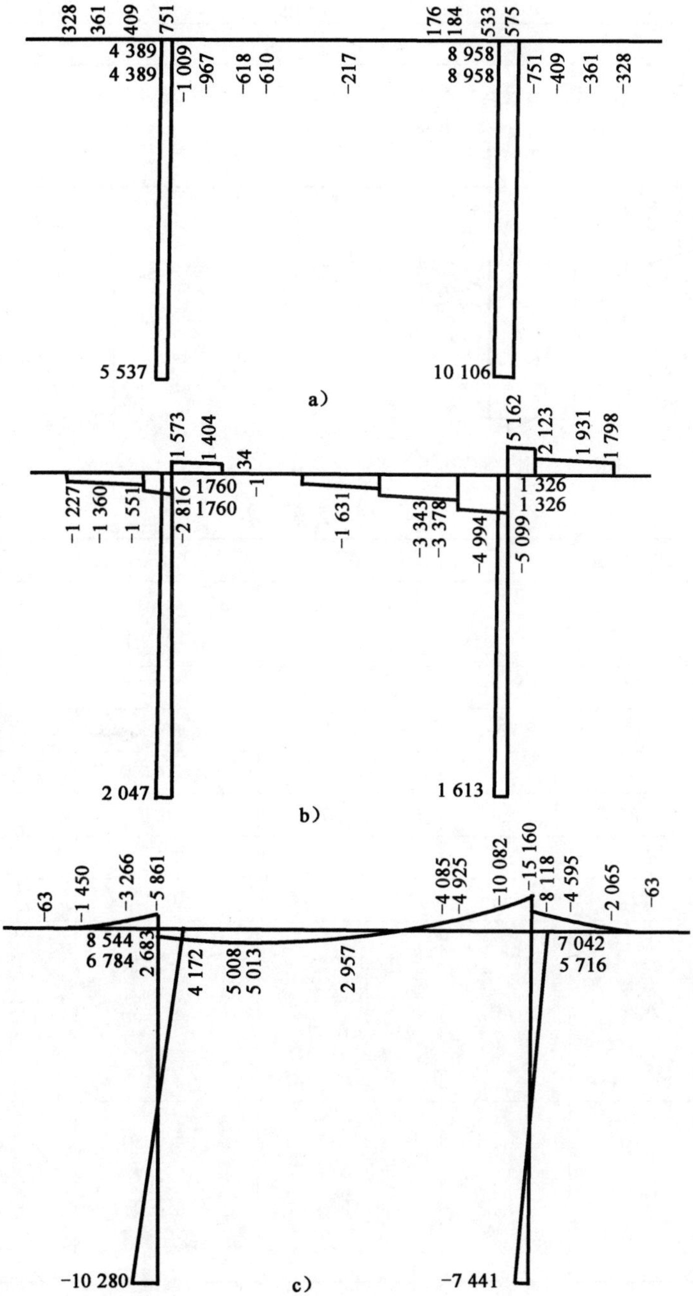

a）

b）

c）

图 7-5　恒载＋地震力＋收缩［地震时（弹性设计）］的内力

a）轴力（kN）；b）剪力（kN）；c）弯矩（kN·m）

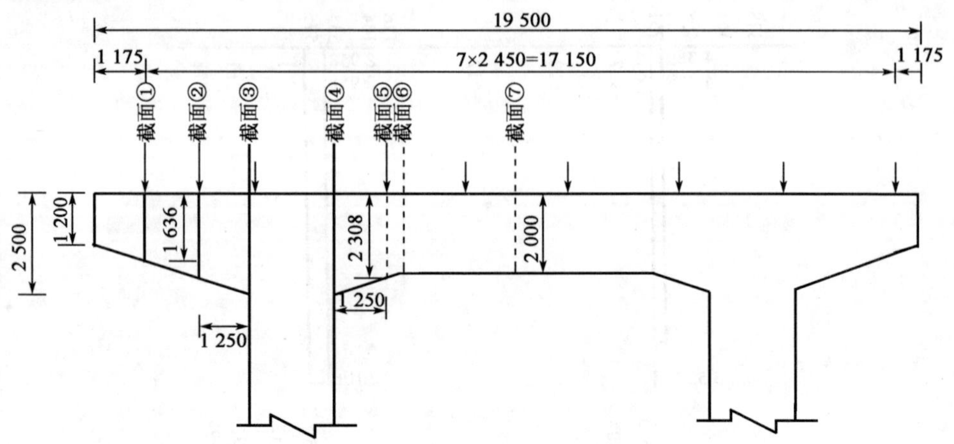

图 7-6　面内荷载作用下盖梁设计截面位置(尺寸单位:mm)

面内弯矩验算　　表 7-5

截面号			③	④	⑦
荷载状态			正常使用时	地震时(震度法)	正常使用时
内力	M	kN·m	5 930	10 082	5 129
	N	kN	—	533	191
构件尺寸	b	cm	270.0	270.0	270.0
	h	cm	250.0	250.0	200.0
	$d_{0(上)}$	cm	15.0	13.4	13.4
	$d_{0(下)}$	cm	—	10.5	15.0
上侧用钢量	$A_{s(上)}$	cm²	D25-42 根 212.814 (双层配筋) [受拉侧]	D25-32 根 162.144 (1.5 层配筋) [受拉侧]	D25-32 根 162.144 (1.5 层配筋) [受压侧]
下侧用钢量	$A_{s(下)}$	cm²	— [受压侧]	D25-11 根 55.737 (单层配筋) [受压侧]	D25-42 根 212.814 (双层配筋) [受拉侧]
弯曲应力	σ_c	MPa	3.2	5.8	3.6
	σ_s	MPa	134.1	274.2	143.5

续上表

截面号			③	④	⑦
容许应力	σ_{ca}	MPa	8.0	12.0	8.0
	σ_{sa}	MPa	180.0	300.0	180.0
最小用钢量验算	M_c	kN·m	5 431	5 653	3 539
	M_u	kN·m	17 000	13 745	13 435
	1.7M	kN·m	10 081	17 139	8 719
	判定	—	$M_u \geqslant M_c$ OK	$M_u \geqslant M_c$ OK	$M_u \geqslant M_c$ OK

表中符号含义(下同):

M——弯矩;
N——剪力;
b——横桥向宽度;
h——顺桥向宽度;
$d_{0(上)}$——下部混凝土保护层厚度;
$d_{0(下)}$——上部混凝土保护层厚度;
σ_c——混凝土弯曲应力;
σ_s——钢筋弯曲应力;
σ_{ca}——混凝土容许应力;
σ_{sa}——钢筋容许应力;
M_c——开裂弯矩;
M_u——极限弯矩

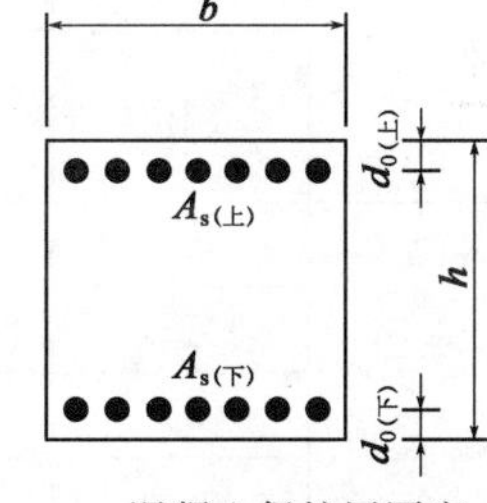

混凝土保护层厚度

②剪力验算

对如图 7-6 所示的各设计截面进行剪力验算,结果如表 7-6 所示。混凝土的抗剪能力不足,按照道路桥示方书第Ⅳ篇 4.3 的规定计算需要配置斜钢筋量。

面内剪力验算 表 7-6

截面号			①	②	⑤	⑥
荷载状态			正常使用时			
内力	S	kN	2 372	2 506	2 586	2 551
	M	kN·m	63	2 682	393	249
	$\tan\beta$	—	0.371	0.371	0.333	0.000
	S_h	kN	2 356	1 978	2 519	2 551
构件尺寸	b	cm	270.0	270.0	270.0	270.0
	h	cm	163.6	203.6	208.3	200.0
	d	cm	148.6	188.6	194.9	185.0

续上表

截面号			①	②	⑤	⑥
纵向受拉钢筋配筋率	P_t	%	0.530	0.418	0.311	0.426
平均剪应力	T_m	MPa	0.59	0.39	0.48	0.51
容许剪应力	c_e	—	0.927	0.867	0.858	0.873
	c_{pt}	—	1.218	1.118	1.008	1.126
	T_{a1}	MPa	0.23	0.23	0.23	0.23
	T_{ac}	MPa	0.26	0.22	0.20	0.23
	T_{a2}	MPa	1.7	1.7	1.7	1.7
	判定	—	$T_m>T_{ac}$ OUT	$T_m>T_{ac}$ OUT	$T_m>T_{ac}$ OUT	$T_m>T_{ac}$ OUT
	判定	—	$T_m\leqslant T_{a2}$ OK	$T_m\leqslant T_{a2}$ OK	$T_m\leqslant T_{a2}$ OK	$T_m\leqslant T_{a2}$ OK
斜钢筋量	S_{ca}	kN	1 042	1 135	1 047	1 129
	$\sum S'_h$	kN	1 314	843	1 472	1 422
	σ_{sa}	MPa	180.0	180.0	180.0	180.0
	s	cm	15.0	15.0	15.0	15.0
	A_w	cm²	8.5	4.3	7.2	7.4
	用钢量	cm²	D16-5 根=9.930$\geqslant A_w$		D16-5 根=9.930$\geqslant A_w$	

表中的符号含义(下同):

S——截面剪力;

S_h——考虑截面高度变化的剪力;

β——斜度;

c_e——构件截面有效高度修正系数;

c_{pt}——纵向受拉钢筋比 P_t 的修正系数;

T_{a1}——不含钢筋的混凝土的容许剪应力;

T_{a2}——有斜筋的混凝土的容许剪应力;

d——桥墩的有效宽度;

S_{ca}——钢筋剪力;

$\sum S'_h$——剪力的合力;

σ_{sa}——钢筋容许拉应力;

s——钢筋间距;

A_w——钢筋总面积

注 1. 算例中,纵向受拉钢筋配筋率计算时,不计侧面的纵向钢筋。因为梗腋处梁高变化,侧面纵向钢筋的用量计算复杂,偏于安全考虑,不计侧面的纵向钢筋用量。

2. $T_{ac}=c_e c_{pt} T_{a1}$。

(3)墩柱设计

墩底及墩顶的弯矩及剪力验算结果如表 7-7 所示。弯曲应力满足要求,混

凝土的抗剪能力不足，按照道路桥示方书第Ⅳ篇 4.3 的规定计算需要配置箍筋量。

面内弯矩及剪力验算 表 7-7

项目			桩基	墩柱
荷载状态			地震时（弹性设计）	
内力	M	kN·m	10 280	6 784
	N	kN	5 537	4 389
	S	kN	2 047	1 760
构件尺寸	b	cm	270.0	270.0
	h	cm	200.0	200.0
	d_0	cm	12.0	12.0
	d	cm	188.0	188.0
纵向受拉钢筋配筋率	P_t	%	0.506	0.506
用钢量	$A_s(=A_s')$	cm^2	D29-21 根 134.904 （单层配筋）	D29-21 根 134.904 （单层配筋）
弯曲应力	σ_c	MPa	8.8	5.8
	σ_s	MPa	257.2	148.5
容许应力	σ_{ca}	MPa	12	12
	σ_{sa}	MPa	300	300
平均剪应力	T_m	MPa	4.0	—
容许剪应力	c_e	—	0.868	—
	c_{pt}	—	1.204	—
	T_{a1}①	MPa	0.35	—
	T_{ac}②	MPa	0.37	—
	T_{a2}	MPa	2.55	—
	判定	—	$T_m > T_{ac}$ OUT	—
	判定	—	$T_m \leqslant T_{a2}$ OK	—

续上表

项　目			桩　基	墩　柱
箍筋用量	S_{ca}	kN	1 857	—
	$\sum S_h$	kN	190	—
	σ_{sa}	MPa	300	—
	s	cm	15.0	—
	A_w	cm²	0.6	—
	用钢量	cm²	D13-6 根$=7.602 \geqslant A_W$	

注：①剪力验算取剪力较大的墩底截面。考虑地震的影响，容许剪应力为道路桥示方书第Ⅳ篇 4.3 规定的容许剪应力值乘以 1.5 倍的放大系数。

②$T_{ac}=c_e\ c_{pt}\ T_{al}$。

墩柱最小用钢量的验算结果如表 7-8 所示。根据道路桥示方书第Ⅳ篇 4.4 规定的最小用钢量，按受弯构件验算时，极限弯矩 M_u 大于混凝土开裂弯矩 M_c，判定墩柱满足最小用钢量要求。按受压构件验算时，也满足最小用钢量要求。

最小用钢量验算　　表 7-8

项　目	墩　柱		
内力	M	kN·m	10 280
	N	kN	5 537
	N_a	kN	11 321
构件尺寸	b	cm	270.0
	h	cm	200.0
	d_0	cm	12.0
	d	cm	188.0
用钢量	$A_s(=A'_s)$	cm²	134.904
受弯构件 最小用钢量验算	M_c	kN·m	5 321
	M_u	kN·m	13 576
	$1.7M$	kN·m	17 476
	判定	—	$M_u \geqslant M_c$　OK
受压构件 最小用钢量验算	A'_1	cm²	13 976.5
	$0.008A'_1$	cm²	111.8
	$\sum A_s$	cm²	513.920
	判定	—	$0.008A'_1 \leqslant \sum A_s$

2)面外(顺桥向)

面外设计用的内力,顺桥向弹性设计按地震力作用在如图 7-3 所示的模型上进行计算。

(1)盖梁设计

①弯矩验算

对如图 7-7 所示的各设计截面进行弯矩验算,结果如表 7-9 所示。弯曲应力满足要求,极限弯矩 M_u 小于混凝土开裂弯矩 M_c,1.7 倍的响应弯矩小于混凝土开裂弯矩,满足道路桥示方书第Ⅳ篇 4.4.1 规定的最小用钢量。

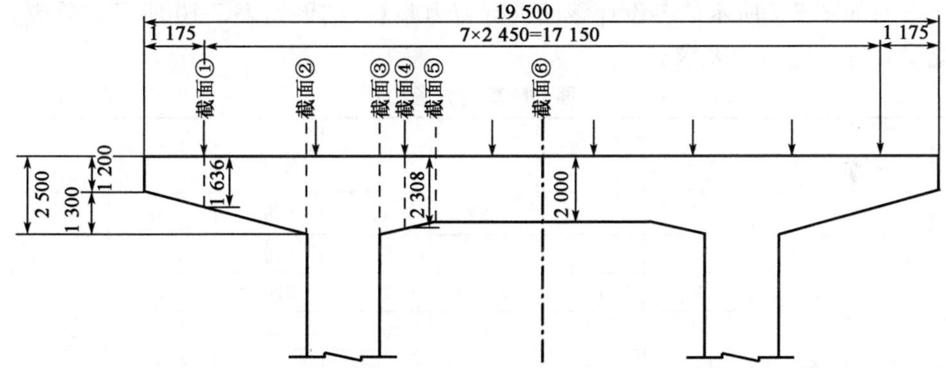

图 7-7　面外荷载作用下盖梁设计截面位置(尺寸单位:mm)

面外弯矩验算　　表 7-9

项目		截面号	②	③	⑥
内力	M	kN·m	866	800	588
	N	kN	—	−217	−217
构件尺寸	b	cm	250.0	250.0	200.0
	h	cm	270.0	270.0	270.0
	d_0	cm	10.0	10.0	10.0
受拉侧用钢量	A_s	cm²	D19-6 根 17.190(单层配筋)	D19-6 根 17.190(单层配筋)	D19-6 根 17.190(单层配筋)
受压侧用钢量	A_s'	cm²		D19-6 根 17.190(单层配筋)	D19-6 根 17.190(单层配筋)
弯曲应力	σ_c	MPa	1.2	1.0	0.8
	σ_s	MPa	199.4	247.1	198.6
容许应力	σ_{ca}	MPa	12	12	12
	σ_{sa}	MPa	300	300	300

续上表

项目 \ 截面号			②	③	⑥
最小用钢量验算	M_c	kN·m	5 865	5 768	4 595
	M_u	kN·m	1 561	1 386	1 364
	$1.7M$	kN·m	1 472	1 360	1 000
	判定	—	$1.7M \leqslant M_c$ OK	$1.7M \leqslant M_c$ OK	$1.7M \leqslant M_c$ OK

②剪力验算

对如图 7-7 所示的各设计截面进行剪力验算，结果如表 7-10 所示。剪应力满足容许剪应力的要求。

面外剪力验算 表 7-10

项目 \ 截面号			①	②	③	④	⑤
剪力	S	kN	328	409	763	738	397
构件尺寸	b	cm	163.6	250.0	250.0	230.8	200.0
	h	cm	270.0	270.0	270.0	270.0	270.0
	d	cm	260.0	260.0	260.0	260.0	260.0
纵向受拉钢筋配筋率	P_t①	%	0.346	0.226	0.292	0.317	0.361
平均剪应力	T_m	MPa	0.08	0.06	0.12	0.12	0.08
容许剪应力	c_e	—	0.760	0.760	0.760	0.760	0.760
	c_{pt}	—	1.046	0.926	0.992	1.017	1.061
	T_{al}②	MPa	0.35	0.35	0.35	0.35	0.35
	T_{ac}③	MPa	0.28	0.25	0.26	0.27	0.28
	判定	—	$T_m \leqslant T_{ac}$ OK	$T_m \leqslant T_{ac}$ OK	$T_m \leqslant T_{ac}$ OK	$T_m \leqslant T_{ac}$ OK	$T_m \leqslant T_{ac}$ OK

注：①与面内设计相同，纵向受拉钢筋配筋率在计算时，不计侧面的钢筋。

②考虑地震的影响，容许剪应力为道路桥示方书第Ⅳ篇 4.3 规定的容许剪应力值乘以 1.5 倍的放大系数。

③$T_{ac}=c_e c_{pl} T_{al}$。

(2)墩柱设计

墩底的弯矩及剪力验算结果如表 7-11 所示。弯曲应力满足要求，根据道路桥示方书第Ⅳ篇 4.4 规定的最小用钢量，按受弯构件验算时，极限弯矩 M_u 大于混凝土开裂弯矩 M_c，满足最小用钢量要求。按受压构件验算时，也满足最小用钢量要求。

混凝土的抗剪能力不足，按照道路桥示方书第Ⅳ篇 4.3 的规定计算需要配置的箍筋量。墩身配筋如图 7-8 所示。

面外弯矩及剪力验算　　表 7-11

类别			桩基处
内力	M	kN·m	17 853
	N	kN	7 821
	S	kN	1 830
构件尺寸	b	cm	200.0
	h	cm	270.0
	d_0	cm	13.5
	d	cm	256.5
纵向受拉钢筋配筋率	P_t	%	0.501
用钢量	$A_s(=A_s')$	cm²	D29-23 根 147.752（1.5 层配筋）
弯曲应力	σ_c	MPa	10.8
	σ_s	MPa	290.2
容许应力	σ_{ca}	MPa	12
	σ_{sa}	MPa	300
平均剪应力	T_m	MPa	0.36
容许剪应力	c_e	—	0.765
	c_{pt}	—	1.201
	T_{a1}①	MPa	0.35
	T_{ac}②	MPa	0.32
	T_{a2}	MPa	2.55
	判定	—	$T_m>T_{ac}$　OUT
	判定	—	$T_m\leqslant T_{a2}$　OK
箍筋用量	S_{ca}	kN	1 650
	$\sum S_h'$	kN	180
	σ_{sa}	MPa	300
	S	cm	15.0
	A_w	cm²	0.4
	用钢量	cm²	D13-3 根＝3.801$\geqslant A_w$
受弯构件最小用钢量验算	M_c	kN·m	8 212
	M_u	kN·m	22 360
	$1.7M$	kN·m	30 350
	判定	—	$M_u\geqslant M_c$　OK

注：①考虑地震的影响，容许剪应力为道路桥示方书第Ⅳ篇 4.3 规定的容许剪应力值乘以 1.5 倍的放大系数。

②$T_{ac}=c_e c_{pt} T_{a1}$。

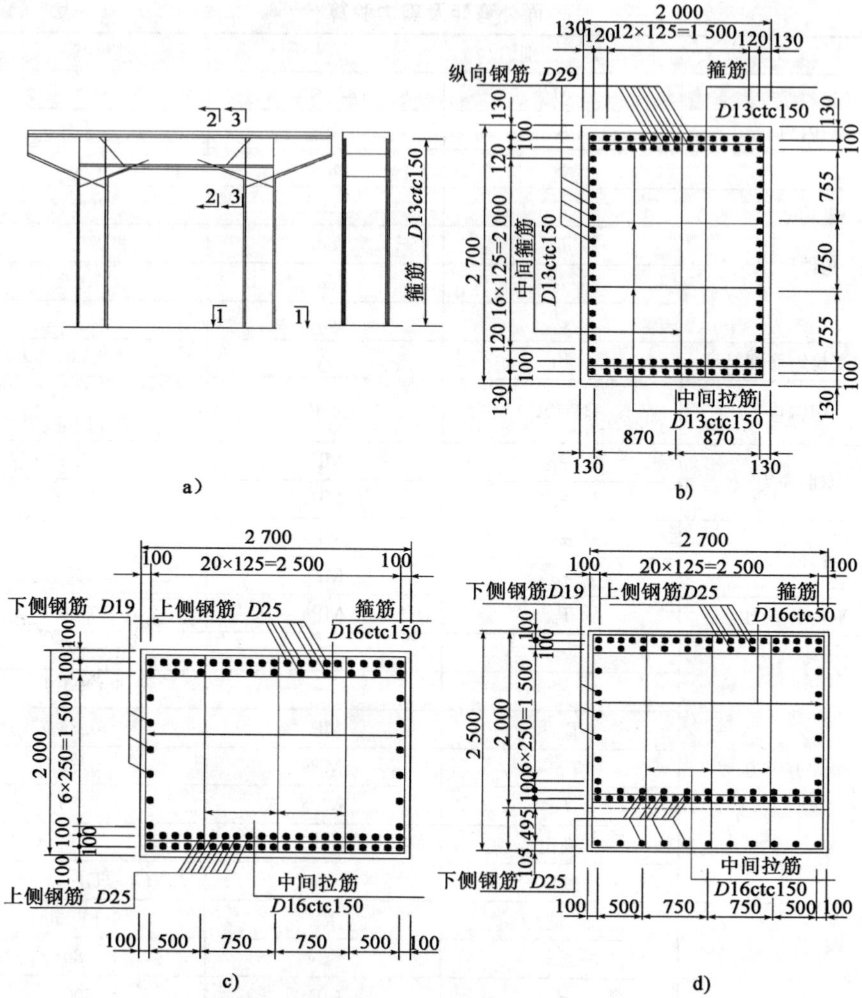

图 7-8　震度法确定的墩身配筋图(尺寸单位:mm)

a)桥墩钢筋位置示意图;b)1-1 截面;c)2-2 截面;d)3-3 截面

注:D 表示箍筋直径,ctc 表示箍筋间距(后同)。

7.3　延性抗震设计

7.3.1　抗震设计参数的计算

弹性抗震设计确定的桥墩截面及配筋作为初始值,按照日本公路桥梁抗震

设计规范 10.8 的规定进行延性抗震设计。由于弹性抗震设计确定的桥墩截面在顺桥向抗震性能及抗力不满足要求，纵向钢筋调整为双层配置，直径增加到32mm，箍筋直径由 13mm 增加到 22mm。横桥向盖梁抗剪能力不足，箍筋的直径由 16mm 增加到 22mm（图 7-9）。对于潜在的塑性铰区域，按照日本公路桥梁抗震设计规范图解 10.8.4 进行配筋。

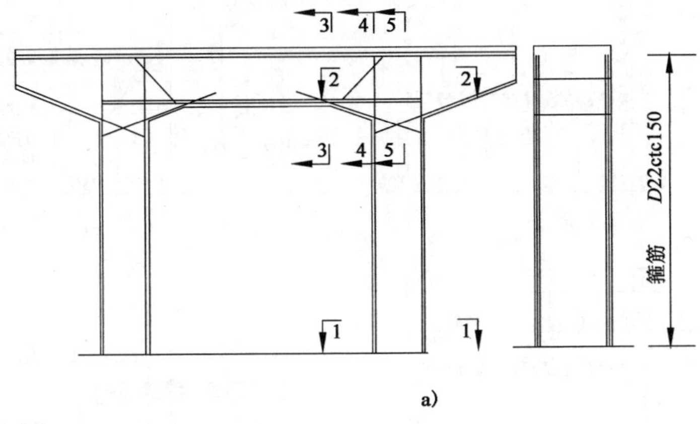

a)

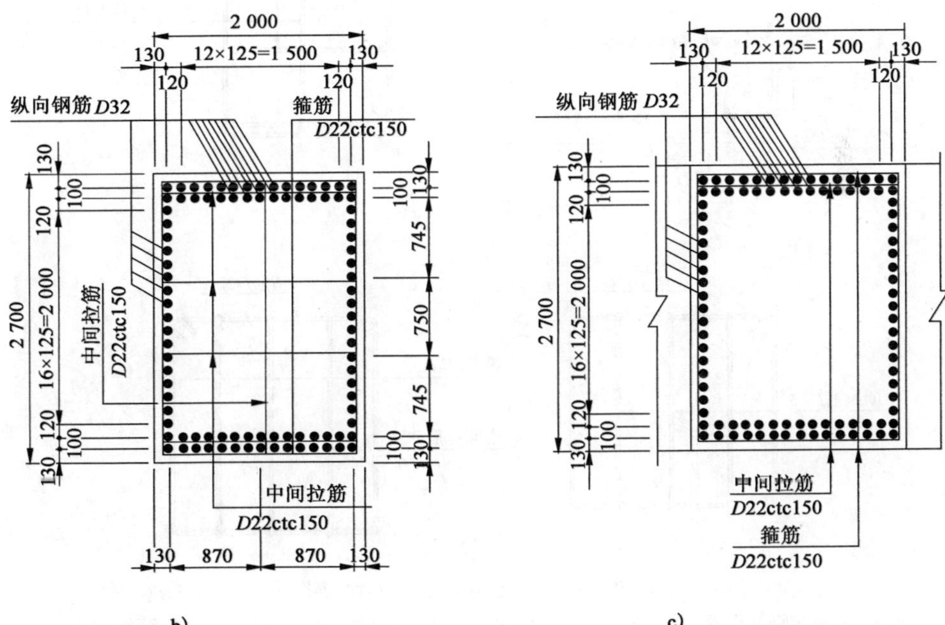

b)　　c)

图　7-9

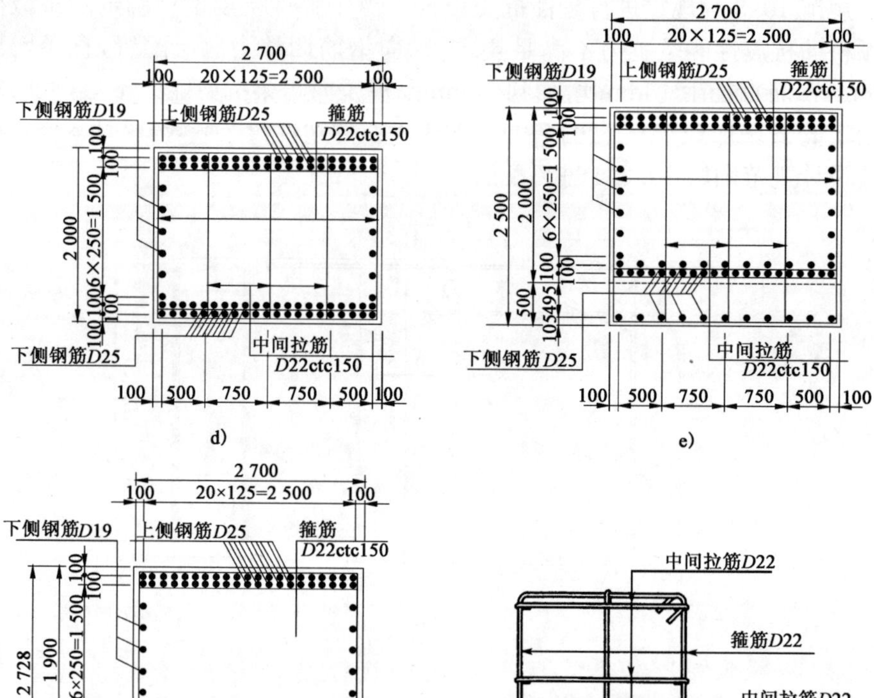

d)

e)

f)

g)

h)

图 7-9 延性抗震设计确定的墩身配筋图

a)桥墩钢筋位置示意图;b)1-1 截面;c)2-2 截面(节点处);d)3-3 截面;e)4-4 截面;
f)5-5 截面(节点处);g)柱箍筋构造示意图;h)盖梁箍筋构造示意图

采用与7.2.1弹性抗震设计时相同的方法，进行固有周期、延性抗震设计水平地震力系数及下部结构支承的上部结构重力的计算，结果如表7-12所示。在平面有限元分析时，后述上部结构惯性力作用位置处的水平抗力与屈服时的水平变位采用桥墩屈服时的抗弯刚度计算，其他条件与弹性抗震设计相同。

固有周期、延性抗震用设计水平地震力系数及P2桥墩承担的上部结构重力　　表7-12

项目 ＼ 方向				顺桥向	横桥向
固有周期		T	s	1.36	1.23
延性抗震用设计水平地震力系数	Ⅰ类	k_{hc}	—	0.85	0.85
	Ⅱ类	k_{hc}	—	1.48	1.69
上部结构重力		W_U	kN	9 600	9 600

7.3.2　桥墩安全性判定

1)面内(横桥向)

(1)有限元模型的设定

①塑性铰长度计算

如图7-3所示，墩底到盖梁中心线的距离为10.0m，以此来计算桥墩塑性铰长度$L_{p(c)}$。

$$L_{p(c)} = 0.2h - 0.1D = 0.2\times 5.000 - 0.1\times 2.000$$
$$= 0.800(\text{m}) \qquad (\leqslant 0.5D = 1.000\text{m})$$

式中：D——墩柱截面横桥向宽度(2.000m)；

h——墩底到盖梁中心线距离的1/2(5.000m)。

同样，盖梁的塑性铰长度$L_{p(b)}$计算如下：

$$L_{p(b)} = 0.2h - 0.1D = 0.2\times 5.250 - 0.1\times 2.500$$
$$= 0.800(\text{m}) \qquad (\leqslant 0.5D = 1.250\text{m})$$

式中：D——盖梁截面高度(2.500m)；

h——墩柱中心距的1/2(5.250m)。

②有限元模型

根据日本公路桥梁抗震设计规范相关规定进行有限元建模，如图7-10所示。

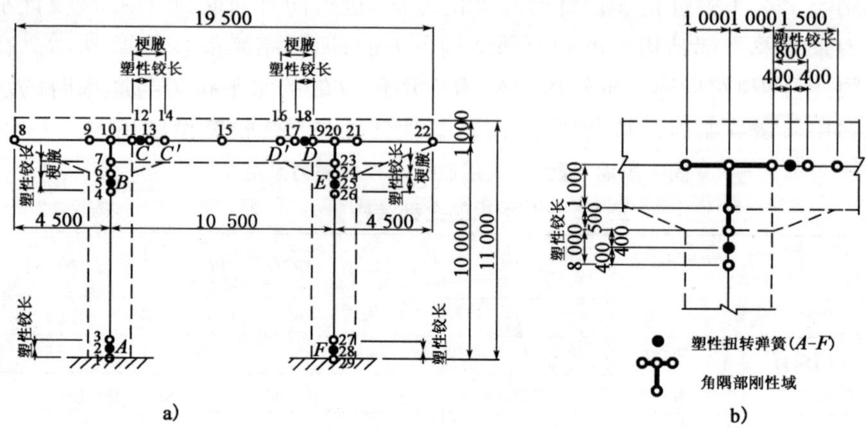

图 7-10　有限元模型及角隅部刚性域(尺寸单位:mm)

a)有限元模型;b)角隅部刚性域

建模时注意以下几点:

a. 根据日本公路桥梁抗震设计规范相关规定进行角隅刚性域的模拟,梗腋的影响在墩柱截面上考虑而在盖梁截面上忽略。必须注意与弹性抗震设计时刚性域模拟方法[图 7-3b)]的不同。

b. 在墩底塑性铰长度 1/2 处设置塑性扭转弹簧,位置在截面 A 和 F。

c. 根据扭转弹簧的变位判定塑性铰的屈服和极限状态。

d. 塑性铰之外的杆件采用弹性杆件。

e. 上部结构的竖向荷载及惯性力作用在支座处。上部结构惯性力到盖梁中心线的力矩,由如图 7-11 所示的支座处的竖向荷载来等代。因此,这一力矩是随着上部结构惯性力变化而变化的值。

f. 结构内力计算考虑混凝土收缩的影响。

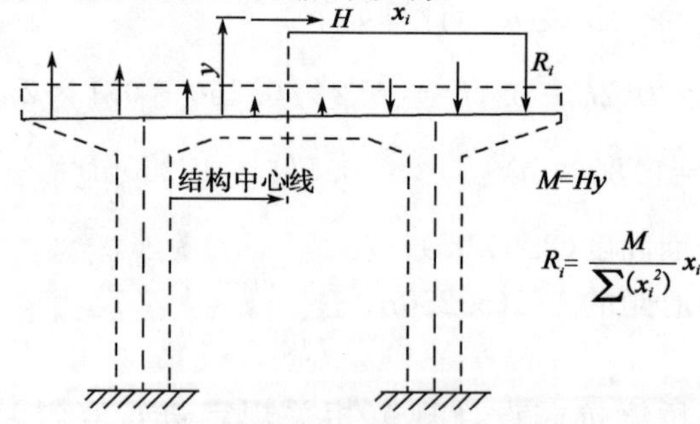

图 7-11　上部结构惯性力对盖梁中心线的力矩模型

③墩柱及盖梁弹性杆件抗弯刚度的计算

墩柱及盖梁弹性杆件抗弯刚度 EI 采用屈服时的刚度。在计算屈服刚度时，必须假定轴力为恒载作用下结构各杆件产生的轴力。

由于墩顶和墩底的轴力不同，屈服刚度也会不同，因此桥墩弹性杆件的抗弯刚度为墩顶和墩底刚度的平均值。盖梁弹性杆件的刚度在盖梁下缘受拉与上缘受拉时是不同的。墩柱和盖梁弹性杆件的抗弯刚度计算如下：

$$EI_{(c)} = \frac{M_{y0}}{\phi_{y0}} = \frac{\dfrac{2.066\times10^4}{1.435\times10^{-3}} + \dfrac{2.004\times10^4}{1.414\times10^{-3}}}{2}$$
$$=1.429\times10^7(\mathrm{kN\cdot m^2})$$

$$EI_{(b1)} = \frac{M_{y0}}{\phi_{y0}} = \frac{1.255\times10^3}{1.176\times10^{-3}} = 1.067\times10^7(\mathrm{kN\cdot m^2})$$

$$EI_{(bu)} = \frac{M_{y0}}{\phi_{y0}} = \frac{9.814\times10^2}{1.122\times10^{-3}} = 8.744\times10^6(\mathrm{kN\cdot m^2})$$

式中：$EI_{(c)}$——墩柱弹性杆件的屈服刚度($\mathrm{kN\cdot m^2}$)；

$EI_{(b1)}$——盖梁下缘受拉时弹性杆件的屈服刚度($\mathrm{kN\cdot m^2}$)；

$EI_{(bu)}$——盖梁上缘受拉时弹性杆件的屈服刚度($\mathrm{kN\cdot m^2}$)；

M_{y0}——初始屈服时的弯矩($\mathrm{kN\cdot m}$)；

ϕ_{y0}——初始屈服时的曲率(1/m)。

盖梁弯矩的拐点在盖梁跨中位置附近，这里简单地取盖梁的跨中。

墩柱及盖梁的轴向刚度计算如下：

$$EA_{(c)} = 2.5\times5.400\times10^7 = 1.350\times10^8(\mathrm{kN})$$

$$EA_{(b)} = 2.5\times5.400\times10^7 = 1.350\times10^8(\mathrm{kN})$$

④塑性扭转弹簧模型

图 7-10 有限元模型中，A～F 塑性扭转弹簧采用如图 7-12 所示的完全弹塑性弯矩—曲率关系模拟。塑性扭转弹簧的塑性也由截面初始屈服时的弯矩的 M_{y0} 及曲率 ϕ_{y0} 计算。

$$EI_{y(c)} = \frac{M_{y0}}{\phi_{y0}} = \frac{\dfrac{2.066\times10^4}{1.435\times10^{-3} + \dfrac{2.004\times10^3}{1.414\times10^{-3}}}}{2}$$
$$=1.429\times10^7(\mathrm{kN\cdot m^2})$$

$$EI_{y(b1)}=\frac{M_{y0}}{\phi_{y0}}=\frac{1.182\times10^{3}}{9.452\times10^{-4}}=1.251\times10^{7}(kN\cdot m^{2})$$

$$EI_{y(bu)}=\frac{M_{y0}}{\phi_{y0}}=\frac{1.198\times10^{3}}{9.449\times10^{-4}}=1.268\times10^{7}(kN\cdot m^{2})$$

式中：$EI_{y(c)}$——墩柱的屈服刚度($kN\cdot m^2$)；

$EI_{y(b1)}$——盖梁下缘受拉时的屈服刚度($kN\cdot m^2$)；

$EI_{y(bu)}$——盖梁上缘受拉时的屈服刚度($kN\cdot m^2$)；

M_{y0}——初始屈服时的弯矩($kN\cdot m$)；

ϕ_{y0}——初始屈服时的曲率(1/m)。

塑性铰轴向刚度计算如下：

墩柱 A、B、E、F 截面：$EA=2.5\times5.400\times10^{6}=1.350\times10^{8}$(kN)

盖梁 C、D 截面：$EA=2.5\times6.391\times10^{6}=1.597\times10^{8}$(kN)

极限弯矩 M_u，是根据轴力与极限弯矩关系，由塑性扭转弹簧位置处对应的轴力计算得出的。如图 7-12 所示，当扭转弹簧的弯矩达到极限弯矩 M_u 后，扭转弹簧的刚度为 0。

(2)混凝土的应力—应变关系

根据如图 7-9 所示的桥墩墩柱及盖梁的配筋计算箍筋的体积配筋率，钢筋的端部在混凝土内采用规定的锚固长度及形式。考虑中间拉筋作用后的各塑性扭转弹簧截面的箍筋体积配筋率计算如下。

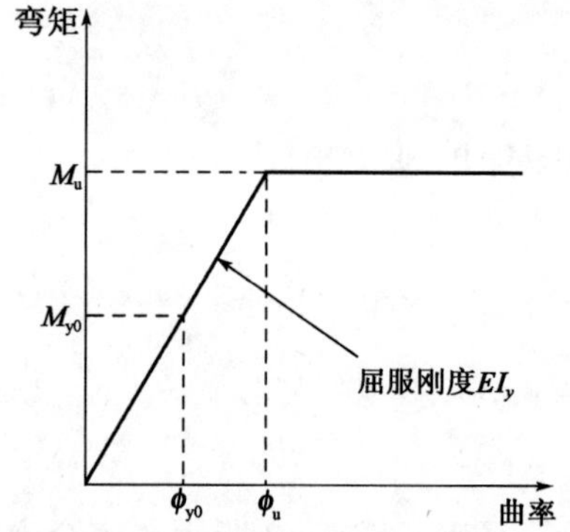

图 7-12　塑性扭转弹簧的弯矩—曲率关系

墩柱 A、B、E、F 截面：$\rho_s=\frac{4A_h}{sd}=\frac{4\times3.871}{15.0\times75.0}=0.01376\leqslant0.018$

盖梁 C、D 截面：$\rho_s=\frac{4A_h}{sd}=\frac{4\times3.871}{15.0\times75.0}=0.01376\leqslant0.018$

式中：A_h——箍筋的面积(cm^2)；

s——箍筋的间距(cm)；

d——箍筋的有效长度(cm)。

计算所用的混凝土应力—应变曲线如图 7-13 所示。各塑性弹簧截面位置的极限应变如下。

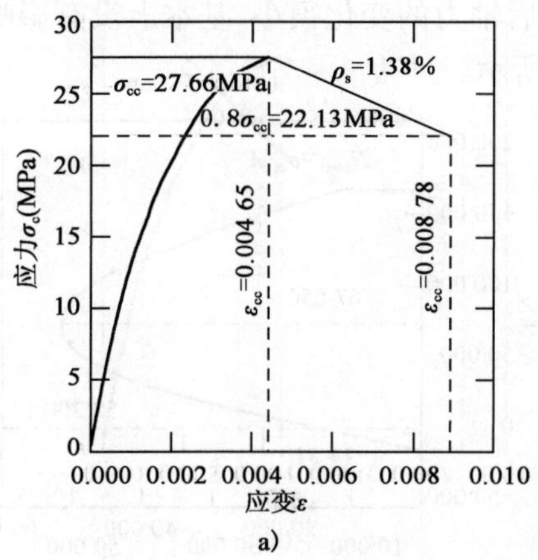

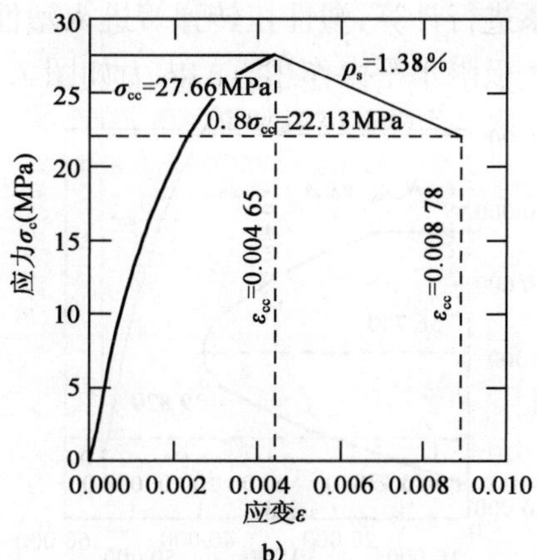

图 7-13　混凝土应力—应变曲线

a)(墩柱)截面 A、B、E、F；b)(盖梁)截面 C、D

墩柱 A、B、E、F 截面：　Ⅰ类地震动　$\varepsilon_{cu}=\varepsilon_{cc}=0.004\,65$

　　　　　　　　　　　　　　Ⅱ类地震动　$\varepsilon_{cu}=0.008\,78$

盖梁 C、D 截面：　　　　　Ⅰ类地震动　$\varepsilon_{cu}=\varepsilon_{cc}=0.004\,65$

　　　　　　　　　　　　　　Ⅱ类地震动　$\varepsilon_{cu}=0.008\,78$

(3)Ⅰ类地震动作用下的抗震设计

①轴力—极限弯矩的关系

各塑性弹簧截面的轴力与极限弯矩的关系，根据 2)中所示的Ⅰ类地震动作用下的混凝土应力—应变关系计算，结果如图 7-14 所示。

②上部结构惯性力作用位置处的水平力—水平变位的关系

a.特定塑性铰的极限水平抗力的计算

如图 7-10 所示的有限元模型，当上部结构惯性力作用位置处的水平力逐渐增加时，作用在扭转弹簧处的弯矩超过屈服弯矩(＝极限弯矩)时，可以认定扭转弹簧进入塑性状态。这一屈服弯矩(＝极限弯矩)要根据轴力—极限弯矩的关系，通过扭转弹簧处的轴力计算。

随着上部结构惯性力作用位置处的水平力的逐渐增加，求出的水平力—水平变位的关系如图 7-15 所示。结果显示，图 7-10 中的 A～F6 个弹簧，按照 D、C、A、F 的顺序产生屈服，一共产生了四个塑性铰，极限水平抗力为 P_u＝8 874kN。

极限弯矩是随着初始轴力的变化而变化的，随着水平力的增加并达到屈服的塑性扭转弹簧，无法再回到弹性状态。按照如图 7-14 所示的轴力—极限弯矩

关系进行计算，塑性扭转弹簧进入塑性区后轴力的变化很小，基本上没有影响。

极限水平力作用下的内力如图 7-16 所示。

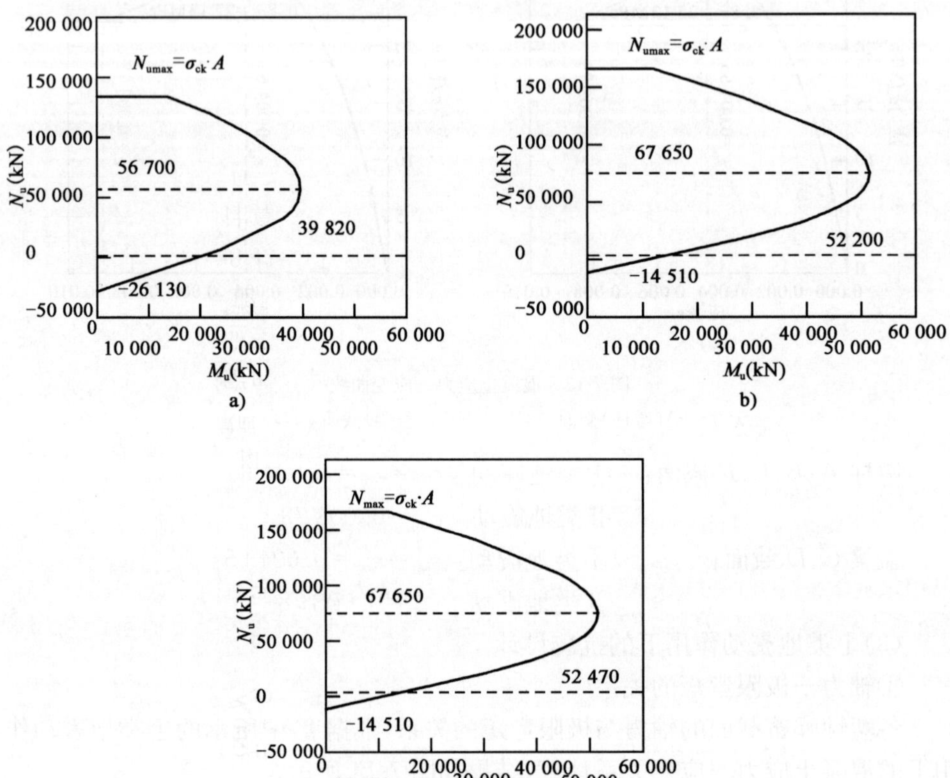

图 7-14　轴力—极限弯矩的相关关系（Ⅰ类地震动）

a）截面 A、B、E、F；b）截面 C（下侧受拉）；c）截面 D（上侧受拉）

要确认之前假定的弹性构件未进入塑性，盖梁梗腋处截面 C′及 D′在极限水平力作用下的弯矩应当小于该截面的屈服弯矩。

截面 C'：$M_{C'}=12\,960\text{kN}\cdot\text{m}<M_{u(C')}=14\,020\text{kN}\cdot\text{m}$

截面 D'：$M_{D'}=8\,430\text{kN}\cdot\text{m}<M_{u(D')}=10\,990\text{kN}\cdot\text{m}$

b. 屈服变位的计算

根据如图 7-15 所示的上部结构惯性力作用位置处的水平力—水平变位的关系得到的 δ_{y0}、P_{y0}、P_u 可以计算屈服变位 δ_y。

$$\delta_y=\delta_{y0}\frac{P_u}{P_{y0}}=0.023\,9\times\frac{8\,874}{6\,008}=0.035\,3(\text{m})$$

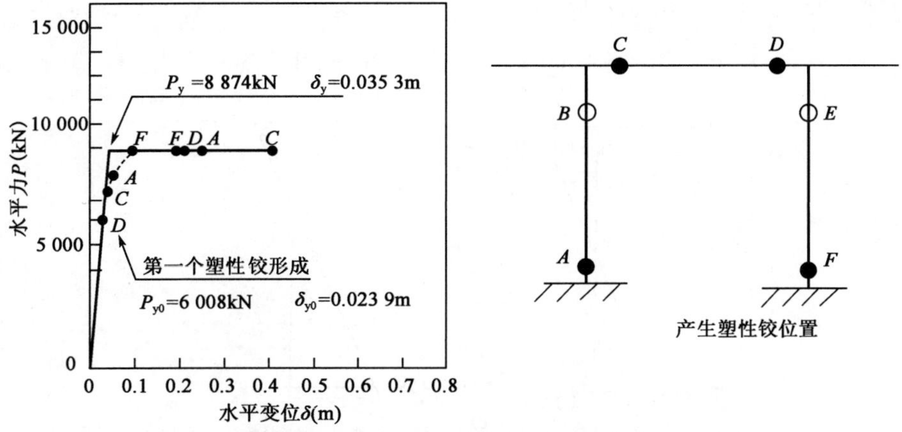

图 7-15 上部结构惯性力作用位置处水平力—水平变位关系(Ⅰ类地震动)

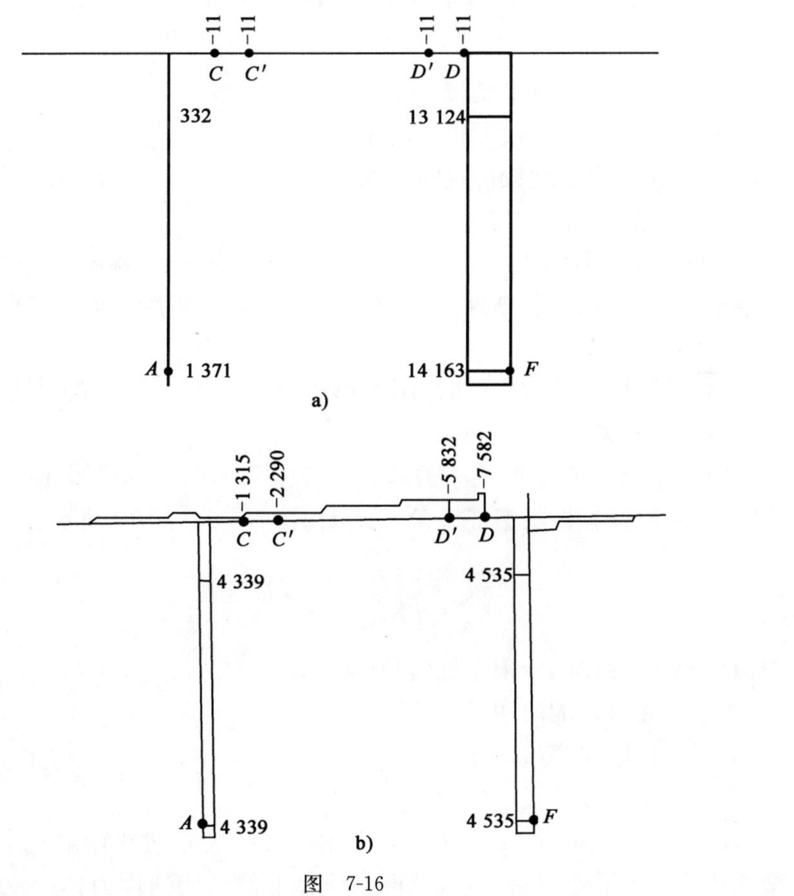

图 7-16

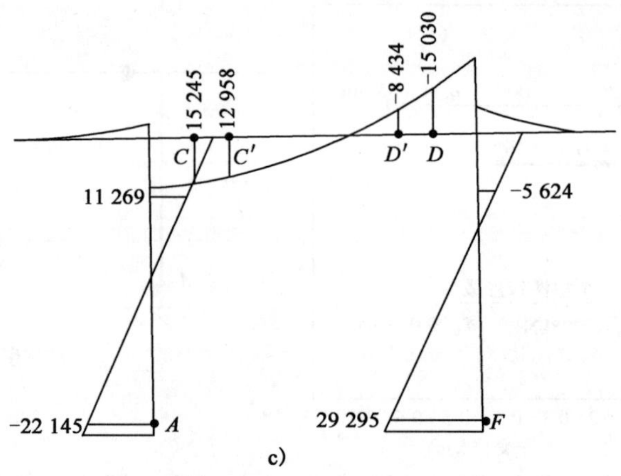

图 7-16　极限水平抗力作用时的内力（Ⅰ类地震动）

a）轴力（kN）；b）剪力（kN）；c）弯矩（kN・m）

式中：δ_y——屈服时的水平变位（m）；

δ_{y0}——第一个塑性铰形成时的水平变位（m）；

P_{y0}——第一个塑性铰形成时的水平力（kN）；

P_u——极限水平力（kN）。

c. 极限变位的计算

根据 a. 中的计算，各塑性铰（A、C、D、F）产生的塑性转角—水平变位的关系如图 7-17 所示。

当达到极限水平抗力 P_u 时，用各塑性铰（A、C、D、F）处的轴力[图 7-16a）]计算弯矩—曲率关系（图 7-18）。

利用图 7-18 的弯矩—曲率关系得到的屈服曲率 ϕ_y 和极限曲率 ϕ_u 及塑性铰的长度 L_p 可以计算极限塑性转角 θ_{pu}。计算结果如表 7-13 所示。

$$\theta_{pu} = \left(\frac{\phi_u}{\phi_y} - 1\right) \cdot L_p \cdot \phi_y$$

式中：θ_{pu}——塑性铰的极限塑性转角（rad）；

ϕ_y——屈服是的曲率（1/m）；

ϕ_u——极限曲率（1/m）；

L_p——塑性铰的长度（m）。

通过表 7-13 可算出 A、C、D、F4 个塑性铰的极限塑性转角 θ_{pu}，利用图 7-17 的塑性转角—水平变位的关系，就可以计算上部结构惯性力作用位置处的极限

水平变位 δ_{uA}、δ_{uC}、δ_{uD}、δ_{uF}。取各塑性铰的极限水平变位的最大值为钢筋混凝土门架式桥墩的极限水平变位 δ_u。

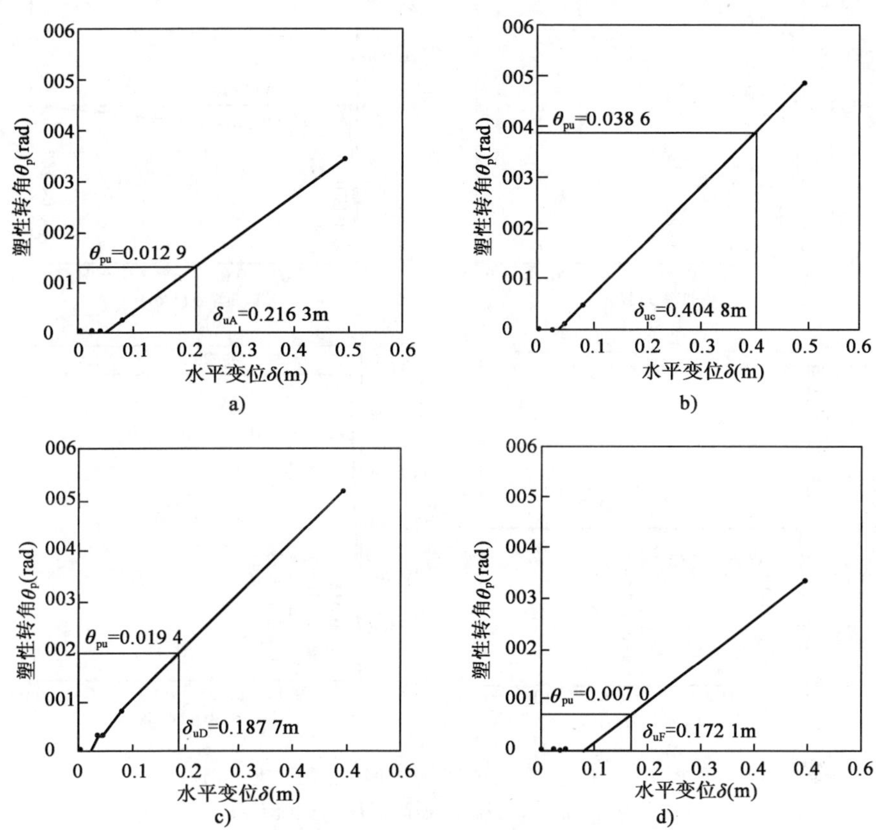

图 7-17　塑性转角—水平变位的关系（Ⅰ类地震动）

a)截面 A；b)截面 C；c)截面 D；d)截面 F

极限水平变位：$\delta_u = 0.404\ 8\text{m}$。

图 7-17 中的塑性转角，是由塑性铰塑性变形时产生的不连续的挠曲角度。按照图 7-19 定义逆时针的扭转角为正值。

综上所述，屈服及极限状态下水平力及水平变位如下：

屈服状态时：$P_y = 8\ 874\text{kN}$，$\delta_y = 0.035\ 3\text{m}$；

极限状态时：$P_u = 8\ 874\text{kN}$，$\delta_u = 0.404\ 8\text{m}$。

③抗剪能力计算

Ⅰ类地震动作用下各塑性铰位置的抗剪能力计算如下：

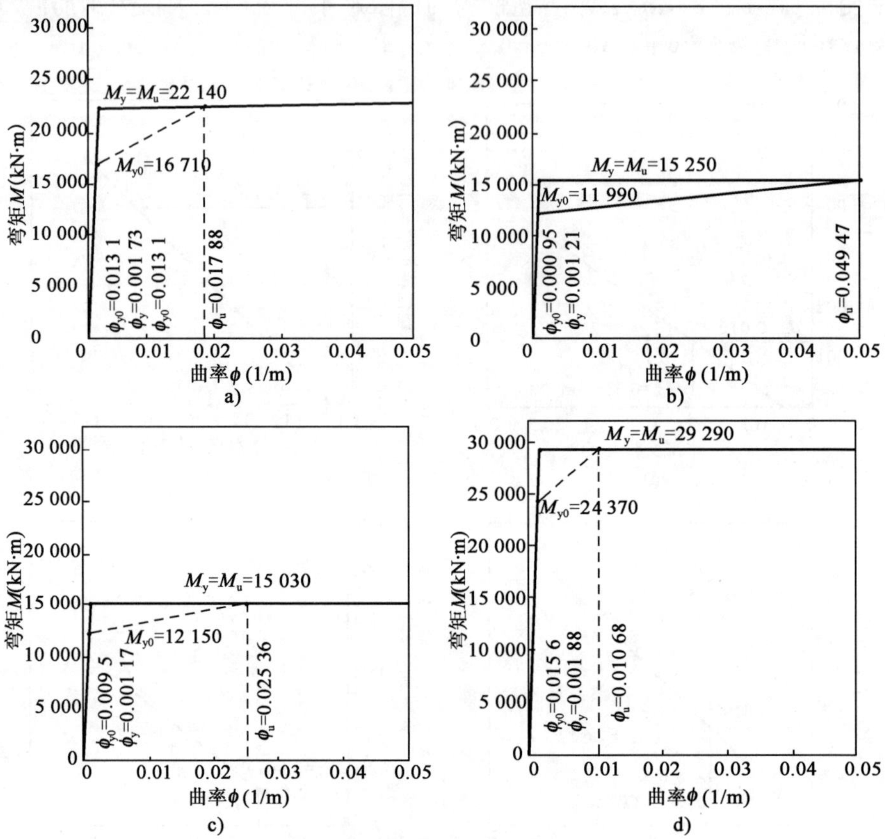

图 7-18 各塑性铰位置弯矩—曲率关系（Ⅰ类地震动）

a）截面 A；b）截面 C；c）截面 D；d）截面 F

各塑性铰的极限扭转角 表 7-13

项目 \ 截面			A	B	C	D
塑性铰长度	L_P	m	0.800	0.800	0.800	0.800
屈服曲率	ϕ_y	1/m	0.001 731	0.001 207	0.001 174	0.001 875
极限曲率	ϕ_u	1/m	0.017 884	0.049 469	0.025 362	0.010 680
塑性铰极限扭转角	θ_{pu}	rad	0.012 92	0.038 61	0.019 35	0.007 04

截面 A、F：

$$P_S = S_C + S_S = 10c_c c_e c_{pt}\tau_c bd + \frac{A_w\sigma_{sy}(\sin\theta + \cos\theta)}{10\times 1.15a}$$

$$=10\times 0.6\times 0.869\times 1.344\times 3.5\times 2.7\times 1.870 + \frac{23.226\times 3\,500\times 1.870}{10\times 1.15\times 15}$$

$$=10\,051(\text{kN})$$

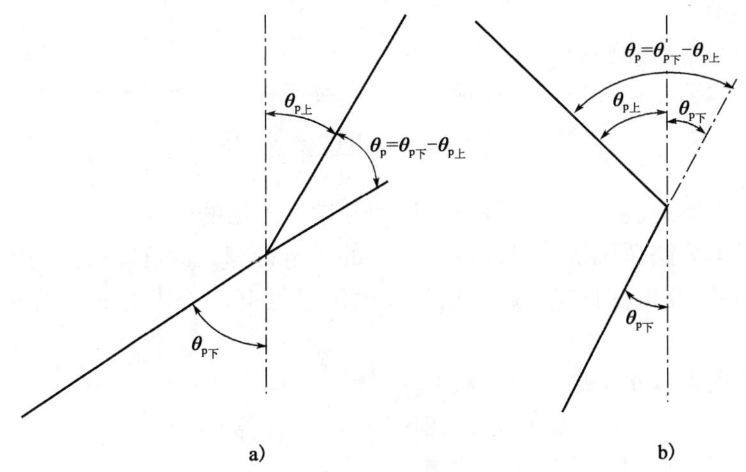

图 7-19　塑性转角

a)塑性扭转弹簧两侧杆件同向扭转；b)塑性扭转弹簧两侧杆件逆向扭转

截面 C：

$$P_S = S_C + S_S$$

$$= 10 \times 0.6 \times 0.855 \times 1.143 \times 3.5 \times 2.7 \times 1.967 + \frac{19.355 \times 3\,500 \times 1.967}{10 \times 1.15 \times 15}$$

$$= 8\,815(\text{kN})$$

截面 D：

$$P_S = S_C + S_S$$

$$= 10 \times 0.6 \times 0.815 \times 0.997 \times 3.5 \times 2.7 \times 2.233 + \frac{19.355 \times 3\,500 \times 2.233}{10 \times 1.15 \times 15}$$

$$= 9\,798(\text{kN})$$

④破坏形态判定

达到极限水平抗力 P_u 时，各塑性铰截面产生的剪力[图 7-16b)]及相应截面的抗剪能力比较如下：

截面 A：$P_S = 10\,051\text{kN} > S = 4\,339\text{kN}$

截面 C：$P_S = 8\,815\text{kN} > S = 1\,315\text{kN}$

截面 D：$P_S = 9\,798\text{kN} > S = 7\,582\text{kN}$

截面 F：$P_S = 10\,051\text{kN} > S = 4\,535\text{kN}$

4 个塑性铰截面的剪力均小于抗剪能力，在面内(横桥向)桥墩的破坏形态为弯曲破坏型。

⑤延性水平抗力验算

根据日本公路桥梁抗震设计规范 9.2 的规定计算桥墩的容许塑性率 μ_α。

$$\mu_\alpha = 1 + \frac{\delta_u - \delta_y}{\alpha\delta_y} = 1 + \frac{0.4048 - 0.0353}{3.0 \times 0.0353} = 4.49$$

式中：α——Ⅰ类地震动作用下桥墩容许塑性率计算用的安全系数，取 3.0。

根据日本公路桥梁抗震设计规范 6.4 的规定计算延性抗震设计用的等价水平地震力系数，并根据日本公路桥梁抗震设计规范 10.3 的规定进行延性水平抗力验算。

延性抗震设计水平地震力系数 k_{hc}：

$$k_{hc} = 0.85（根据表 7\text{-}12 计算）$$

延性抗震设计用的等价水平地震力系数 k_{he}：

$$k_{he} = \frac{k_{hc0}}{\sqrt{2\mu_\alpha - 1}} = \frac{0.85}{\sqrt{2 \times 4.49 - 1}} = 0.30 \quad (< 0.4c_z = 0.40)$$

由于 $k_{he} < 0.4$，所以取 0.4。

延性抗震设计用的等价重力 W：

$$W = W_u + c_p W_p = 9\,600 + 0.5 \times 5\,042 = 12\,121(\text{kN})$$

式中：W_u——桥墩承担的上部结构重力(kN)；

W_p——桥墩的重力(kN)；

c_p——等价重力计算系数，弯曲破坏型，取 0.5。

钢筋混凝土桥墩延性水平抗力：

$$P_a = P_u = 8\,874\text{kN}$$

延性水平抗力验算：

$$k_{hc}W = 0.40 \times 12\,121 = 4\,848(\text{kN}) \leqslant P_a = 8\,874\text{kN}$$

⑥残余变位验算

本桥是 B 类桥梁，根据日本公路桥梁抗震设计规范 10.3 的规定进行桥墩残余变位验算。

桥墩响应塑性率：

$$\mu_R = \frac{1}{2}\left[\left(\frac{c_z k_{hc0} W}{P_a}\right)^2 + 1\right] = \frac{1}{2}\left[\left(\frac{1 \times 0.85 \times 12\,121}{8\,874}\right)^2 + 1\right] = 1.17$$

残余变位 δ_R：

$$\begin{aligned}\delta_R &= c_R(\mu_R - 1)(1 - r)\delta_y \\ &= 0.6 \times (1.17 - 1) \times (1 - 0) \times 0.0353 = 0.004(\text{m})\end{aligned}$$

式中：c_R——桥墩残余变位修正系数，钢筋混凝土桥墩为 0.6；

r——桥墩屈服后的二次刚度与屈服刚度之比，钢筋混凝土桥墩为 0。

残余变位验算：

$$\delta_R = 0.004\text{m} \leqslant \delta_{Ra} = h/100 = 13.5/100 = 0.135(\text{m})$$

式中：δ_{Ra}——桥墩容许残余变位，为墩底至上部结构惯性力作用位置处高度的 1/100；

h——为墩底至上部结构惯性力作用位置处高度（13.5m）。

⑦盖梁的验算

由于盖梁产生了塑性铰，因此要对该位置进行剪力验算。主荷载作用下盖梁剪力与抗剪能力比较，满足要求。主荷载作用下产生的剪力采用弹性抗震设计的值[图 7-10b)]，产生的剪力对盖梁的抗弯刚度影响很小。

截面 C：

P_S=8 115kN>S=4 893kN；

截面 D：

P_S=9 798kN>S=4 893kN。

（4）Ⅱ类地震动作用下的抗震设计

①上部结构惯性力作用位置处的水平力—水平变位的关系

与Ⅰ类地震动作用下的抗震设计相同，上部结构惯性力作用位置处水平力—水平变位的关系如图 7-20 所示。屈服状态及极限状态下的水平抗力和水平变位如下：

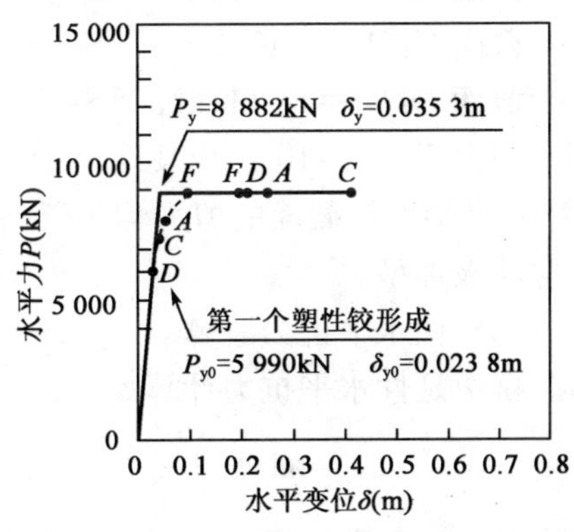

图 7-20　上部结构惯性力作用位置处水平力—水平变位关系（Ⅱ类地震动）

屈服状态：P_y=8 882kN，δ_y=0.035 3m

极限状态：P_y=8 882kN，δ_y=0.753 7m。

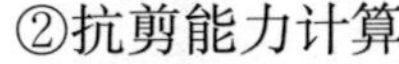

②抗剪能力计算

Ⅱ类地震动作用下各塑性铰截面抗剪能力 P_S 计算如下：

截面 A、F：

$$P_S = S_C + S_S$$

$$= 10 \times 0.8 \times 0.869 \times 1.344 \times 3.5 \times 2.7 \times 1.870 + \frac{23.226 \times 3\,500 \times 1.870}{10 \times 1.15 \times 15}$$

$$= 10\,464(\text{kN})$$

截面 C：

$$P_S = S_C + S_S$$

$$=10\times0.8\times0.855\times1.143\times3.5\times2.7\times1.967+\frac{19.355\times3\,500\times1.967}{10\times1.15\times15}$$

$$=9\,178(\mathrm{kN})$$

截面 D：

$$P_S=S_C+S_S$$

$$=10\times0.8\times0.815\times0.997\times3.5\times2.7\times2.233+\frac{19.355\times3\,500\times2.233}{10\times1.15\times15}$$

$$=9\,798(\mathrm{kN})$$

③破坏形态判定

达到极限水平抗力 P_u 时，各塑性铰截面产生的剪力及相应截面的抗剪能力比较如下：

截面 A：$P_S=10\,464\mathrm{kN}>S=4\,343\mathrm{kN}$

截面 C：$P_S=9\,178\mathrm{kN}>S=1\,310\mathrm{kN}$

截面 D：$P_S=10\,141\mathrm{kN}>S=7\,577\mathrm{kN}$

截面 F：$P_S=10\,464\mathrm{kN}>S=4\,539\mathrm{kN}$

4 个塑性铰截面的剪力均小于抗剪能力，在面内（横桥向）桥墩的破坏形态为弯曲破坏型。

④延性水平抗力验算

桥墩延性水平抗力计算如下：

$$\mu_\alpha=1+\frac{\delta_u-\delta_y}{\alpha\delta_y}=1+\frac{0.753\,7-0.035\,3}{1.5\times0.035\,3}=14.57$$

式中：α——Ⅱ类地震动作用下桥墩容许塑性率计算用的安全系数，取 1.5。

$$k_{hc}=1.69\qquad(\text{根据表 7.12 计算})$$

$$k_{he}=\frac{k_{hc}}{\sqrt{2\mu_\alpha-1}}=\frac{1.69}{\sqrt{2\times14.57-1}}=0.32\quad(<0.4c_z=0.40)$$

由于 $k_{he}<0.4$，所以取 0.4。

延性抗震设计用的等价重力 W：

$$W=W_u+c_pW_p=9\,600+0.5\times5\,042=12\,121(\mathrm{kN})$$

$$P_a=P_u=8\,882(\mathrm{kN})$$

延性水平抗力验算：

$$P_a=8\,882\mathrm{kN}\geqslant k_{he}W=0.40\times12\,121=4\,848(\mathrm{kN})$$

⑤残余变位验算

桥墩残余变位验算如下：

$$\mu_R = \frac{1}{2}\left[\left(\frac{k_{hc}W}{P_a}\right)^2 + 1\right] = \frac{1}{2}\left[\left(\frac{1.69 \times 12\,121}{8\,882}\right)^2 + 1\right] = 3.16$$

$$\delta_R = c_R(\mu_R - 1)(1 - r)\delta_y = 0.6 \times (3.16 - 1) \times (1 - 0) \times 0.035\,3$$

$$= 0.046\text{m} \leqslant \delta_{Ra} = \frac{h}{100} = 0.135(\text{m})$$

⑥盖梁的验算

主荷载作用下盖梁的验算：

截面 C：P_S=9 178kN>S=4 893kN；

截面 D：P_S=10 141kN>S=4 893kN。

2)面外(顺桥向)

(1)有限元模型

对于面外(顺桥向)有限元模型，杆件的屈服刚度按照单墩柱模型计算，分担的上部结构重力取实际的1/2(图7-21)。以下，是按照单墩柱模型进行的延性抗震设计。

(2)混凝土应力—应变曲线

如图7-9所示的面外(顺桥向)的箍筋体积配筋率计算如下。

$$\rho_s = \frac{4A_h}{sd} = \frac{4 \times 3.871}{15.0 \times 87.0} = 0.011\,87 \leqslant 0.018$$

(3)Ⅰ类地震动作用下的抗震设计

①上部结构惯性力作用位置处的水平力—水平变位关系

Ⅰ类地震动时的极限应变，$\varepsilon_{cu} = \varepsilon_{cc} = 0.004\,28$。桥墩上部结构惯性力作用位置处的水平力—水平变位关系计算如下。

混凝土产生裂缝时：P_c=849kN；

刚屈服时：P_{y0}=2 774kN，δ_{y0}=0.036m；

屈服时：P_y=3 414kN，δ_y=0.004 44m；

极限时：P_u=3 414kN，δ_u=0.175 8m。

墩底截面弯矩—曲率关系及塑性铰长度计算如下。

混凝土产生裂缝时：M_c=9 339kN·m，$\phi_c = 9.566 \times 10^{-5}$1/m；

钢筋屈服时：M_{y0}=3 051.2kN·m，$\phi_{y0} = 1.029 \times 10^{-3}$1/m　($x$=0.951)；

屈服时：M_y=37 551kN·m，$\phi_y = 1.267 \times 10^{-3}$1/m；

极限时：M_u=37 751kN·m，$\phi_u = 1.070 \times 10^{-2}$1/m($x$=0.530)。

$$L_P = 0.2h - 0.1D = 0.2 \times 11.000 - 0.1 \times 2.700$$

$$= 1.930(\text{m}) \quad (> 0.5D = 1.350\text{m})。$$

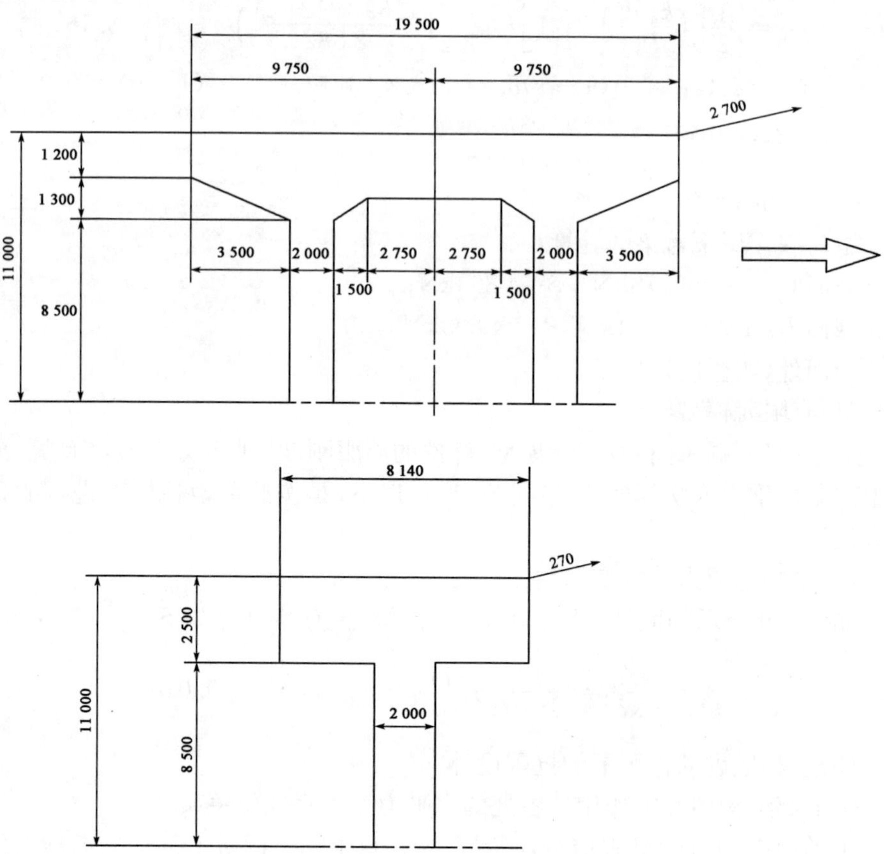

图 7-21　计算模型(尺寸单位:mm)

$L_p > 0.5D$,所以 $L_p = 1.350\text{m}$。

②抗剪能力的计算

Ⅰ类地震动时的抗剪能力计算如下:

$$P_S = S_C + S_S$$

$$= 10 \times 0.6 \times 0.772 \times 1.345 \times 3.5 \times 2.00 \times 2.520 + \frac{11.613 \times 3\,500 \times 2.520}{10 \times 1.15 \times 15.0}$$

$$= 7\,037(\text{kN})$$

③破坏形态的判定

$P_u = 3\,414\text{kN} \leqslant P_S = 7\,037\text{kN}$

$P_c = 849\text{kN} \leqslant P_u = 3\,414\text{kN}$

$P_u < P_S$,且 $P_c < P_u$,故本桥墩的破坏形态判定为弯曲破坏型。

④延性水平抗力验算

桥墩延性水平抗力验算如下：

$$\mu_\alpha = 1 + \frac{\delta_u - \delta_y}{\alpha\delta_y} = 1 + \frac{0.1758 - 0.0444}{3.0 \times 0.0444} = 1.99$$

$$k_{hc} = 0.85 \quad \text{（根据表 7-12 计算）}$$

$$k_{he} = \frac{k_{hc}}{\sqrt{2\mu_\alpha - 1}} = \frac{0.85}{\sqrt{2 \times 1.99 - 1}} = 0.49 \quad (\geqslant 0.4c_z = 0.40)$$

$$W = W_U + c_P W_P = 4\,800 + 0.5 \times 2\,521 = 6\,061(\text{kN})$$

$$P_a = P_u = 3\,414\text{kN}$$

延性水平抗力验算：

$$P_a = 3\,414\text{kN} \geqslant k_{he}W = 0.49 \times 6\,061 = 2\,970(\text{kN})$$

⑤残余变位的验算

桥墩残余变位的验算按下式进行：

$$\mu_R = \frac{1}{2}\left[\left(\frac{k_{hc}W}{P_a}\right)^2 + 1\right] = \frac{1}{2}\left[\left(\frac{0.85 \times 6\,061}{3\,414}\right)^2 + 1\right] = 1.64$$

$$\delta_R = c_R(\mu_R - 1)(1 - r)\delta_y = 0.6 \times (1.64 - 1) \times (1 - 0) \times 0.0444$$

$$= 0.017(\text{m}) \leqslant \delta_{Ra} = \frac{h}{100} = \frac{11.000}{100} = 0.110(\text{m})$$

(4)Ⅱ类地震动作用下的抗震设计

①上部结构惯性力作用位置处的水平力—水平变位关系

Ⅱ类地震动时的极限应变，$\varepsilon_{cu} = \varepsilon_{cc} = 0.007\,78$。

桥墩上部结构惯性力作用位置处的水平力—水平变位关系计算如下。

混凝土产生裂缝时：$P_c = 849\text{kN}$；

刚屈服时：$P_{y0} = 2\,774\text{kN}, \delta_{y0} = 0.036\text{m}$；

屈服时：$P_y = 3\,415\text{kN}, \delta_y = 0.004\,44\text{m}$；

极限时：$P_u = 3\,415\text{kN}, \delta_{y0} = 0.323\,9\text{m}$。

墩底截面弯矩—曲率关系计算如下。

混凝土产生裂缝时：$M_c - 9\,339\text{kN}\cdot\text{m}, \phi_c = 9.566 \times 10^{-5}\,1/\text{m}$；

刚屈服时：$M_{y0} = 30\,511\text{kN}\cdot\text{m}, \phi_{y0} = 1.029 \times 10^{-3}\,1/\text{m}$ （$x = 0.951\text{m}$）；

屈服时：$M_y = 37\,567\text{kN}\cdot\text{m}, \phi_y = 1.267 \times 10^{-3}\,1/\text{m}$；

极限时：$M_u = 37\,567\text{kN}\cdot\text{m}, \phi_u = 2.132 \times 10^{-2}\,1/\text{m}$ （$x = 0.495\text{m}$）。

②抗剪能力的计算

Ⅱ类地震动时的抗剪能力计算如下：

$$P_S = S_C + S_S$$

$$=10\times 0.8\times 0.772\times 1.345\times 3.5\times 2.00\times 2.520+\frac{11.613\times 3\,500\times 2.520}{10\times 1.15\times 15.0}$$

$$=7\,403(\text{kN})$$

③破坏形态的判定

$P_u \leqslant P_S$，且 $P_c < P_u$，故本桥墩的破坏形态判定为弯曲破坏型。

$$P_u=3\,415\text{kN}\leqslant P_S=7\,043\text{kN}$$

$$P_c=849\text{kN}\leqslant P_u=3\,145\text{kN}$$

④延性水平抗力验算

桥墩延性水平抗力计算如下：

$$\mu_a = 1+\frac{\delta_u-\delta_y}{\alpha\delta_y} = 1+\frac{0.323\,9-0.044\,4}{1.5\times 0.044\,4} = 5.20$$

$$k_{hc}=1.48 \qquad \text{（根据表 7-12 计算）}$$

$$k_{he} = \frac{k_{hc}}{\sqrt{2\mu_a-1}} = \frac{1.48}{\sqrt{2\times 5.20-1}} = 0.48 \quad (\geqslant 0.4c_z = 0.40)$$

$$W = W_U + c_P W_P = 480.0 + 0.5\times 252.1 = 6\,061(\text{kN})$$

$$P_a = P_u = 3\,415\text{kN}$$

延性水平抗力验算：

$$P_a = 3\,415\text{kN} \geqslant k_{he}W = 0.48\times 6\,061 = 2\,909(\text{kN})$$

⑤残余变位的验算

桥墩残余变位的验算按下式进行：

$$\mu_R = \frac{1}{2}\left[\left(\frac{k_{hc}W}{P_a}\right)^2+1\right] = \frac{1}{2}\left[\left(\frac{1.48\times 6\,061}{3\,415}\right)^2+1\right] = 3.95$$

$$\delta_R = c_R(\mu_R-1)(1-r)\delta_y = 0.6\times(3.95-1)\times(1-0)\times 0.044\,4$$

$$=0.079\text{m}\leqslant \delta_{Ra} = h/100 = 11.000/100 = 0.110(\text{m})$$

3)安全性判定结果

桥墩延性抗震设计安全性判定结果如表 7-14 所示，设计结果满足两类地震动作用。

墩身安全性判定 表 7-14

			面内(横桥向)		面外(顺桥向)	
			Ⅰ类地震动	Ⅱ类地震动	Ⅰ类地震动	Ⅱ类地震动
延性水平抗力验算	$k_{he}W$	kN	4 848	4 848	2 970	2 909
	P_a	kN	8 874	8 882	3 414	3 415
	判定	—	$P_a \geqslant k_{he}W$ OK	$P_a \geqslant k_{he}W$ OK	$P_a \geqslant k_{he}W$ OK	$P_a \geqslant k_{he}W$ OK
残余变位验算	δ_R	m	0.004	0.046	0.017	0.079
	δ_{Ra}	m	0.135	0.135	0.110	0.110
	判定	—	$\delta_R \leqslant \delta_{Ra}$ OK	$\delta_R \leqslant \delta_{Ra}$ OK	$\delta_R \leqslant \delta_{Ra}$ OK	$\delta_R \leqslant \delta_{Ra}$ OK

根据道路桥示方书第Ⅳ篇 4.4.1 规定，对桥墩按照轴向受压构件进行最小配筋量验算，结果满足要求(表 7-15)。

按受压构件最小用钢量验算 表 7-15

			墩　底
竖向压力	N_u	kN	15 620
钢筋受压屈服强度	σ_{sy}	MPa	350
设计标准强度	σ_{sck}	MPa	24
按受压构件最小用钢量计算	A_2'	cm^2	6 733
	$0.008A_2'$	cm^2	53.9
	ΣA_s	cm^2	746.548
	判定	—	$0.008A_2' \leqslant \Sigma A_s$ OK

参考文献

[1] 范立础,卓卫东.桥梁延性抗震设计[M].北京:人民交通出版社,2001.

[2] 范立础.桥梁抗震[M].上海:同济大学出版社,1997.

[3] 谢旭.桥梁结构地震响应分析与抗震设计[M].北京:人民交通出版社,2006.

[4] 王克海.桥梁抗震研究[M].北京:中国铁道出版社,2007.

[5] 孙利民,范立础.阪神地震后日本桥梁抗震设计规范的改订[J].同济大学学报,2001,29(1):60-64.

[6] 汪磊,周应新,陈孔令.中日公路桥梁抗震规范的对比及启示[J].公路,2010,(8):67-74.

[7] 范立础,王君杰.桥梁抗震设计规范的现状与发展趋势[J].地震工程与工程振动,2001,21(2):70-77.

[8] 刘健新,赵国辉,李加武.汶川地震及中国公路桥梁抗震设计规范的变迁[J].交通科学与工程学报,2009,25(1):21-25.

[9] 道路桥示方书·同解说·Ⅰ共通编[S].社团法人日本道路协会,2012.

[10] 道路桥示方书·同解说·Ⅴ耐震设计编[S].社团法人日本道路协会,2012.

[11] 中华人民共和国行业推荐标准.JTG/T B02-01—2008 公路桥梁抗震设计细则[S].北京:人民交通出版社,2008.

[12] 邓学军,黄小慧.浅谈中日桥梁抗震规范的比较[J].辽宁交通科技,2004,(1):16-47.

[13] 大塚久哲.中径間橋梁の耐震設計[M].福冈:九州大学出版会,2000.

[14] 道路橋の耐震設計に関する資料[G].社团法人日本道路协会,1997.

[15] 张敏红.中国公路桥梁抗震设计规范的变迁及对比研究[D].西安:长安大学,2010.

[16] 林康.公路桥梁设计规范比较[D].大连:大连理工大学,2009.

[17] 伊藤吉隆.中日桥梁抗震规范比较研究[D].上海:同济大学,2001.

[18] 王占飞,张济宁,赵乃志.日本高速道路桥梁抗震设计方法的研究[J].世界桥梁,2008,(4):13-15.

[19] 雍飞.国内外桥梁抗震规范的延性抗震比较研究[D].北京:北京交通大学,2009.

[20] 王克海,李茜,韦韩.国内外延性抗震设计的比较 [J].地震工程与工程振动,2006,26(3):70-73.

[21] 姜秀娟.高烈度区钢筋混凝土延性设计与抗震能力评估[D].西安:长安大学,2008.

[22] M. J. N. Pricestley,袁万城,等.桥梁抗震设计与加固[M].北京:人民交通出版社,1997.

[23] 朱文正,刘健新,陈淮.梁桥搁置长度的计算方法研究[J].世界地震工程,2004,20(3):152-155.

[24] 刘健新,胡兆同,李子青.公路桥梁减震装置及其设计方法研究[R].西安:长安大学,2002.

[25] 吕吉应.国内外隔震桥梁规范比较研究[D].北京:北京交通大学,2010.

[26] 范立础,王志强.桥梁减隔震设计[M].北京:人民交通出版社,2001.

[27] 道路桥示方书・同解说・Ⅳ下部构造篇[S].社团法人日本道路协会,2012.

[28] 日本道路协会.道路橋の耐震設計に関する資料—PCラーメン橋[G].社团法人日本道路協会,1998.

索　引